퇴직한 김에 세계 일주

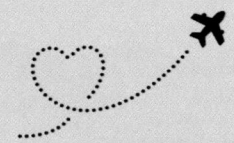

남편이 찍고 아내가 쓰다

2024년 3월 31일 집을 떠나,
2025년 1월 2일 돌아오기까지
278일간의 기록

프롤로그

퇴직한 김에 세계 일주

2024.3.31~2025.1.2

여행, 등산, 사진을 좋아하는 우리 부부는 주말마다 우리나라의 아름다운 곳을 찾아다녔고, 100대 명산과 백두대간 등 산줄기를 두루 밟았다. 방학 때면 배낭을 메고 중국과 일본을 비롯한 아시아, 유럽 여러 나라를 여행했다. 세월은 빠르게 흘렀고, 어느새 퇴직이 눈앞에 다가왔다. 직장에 다니며 거리상의 제약으로 가기 어려웠던 아프리카와 아메리카는 퇴직 후 꼭 가 보고 싶은 곳이었다.

특히 유럽 중에서도 아직 가 보지 못한 튀르키예, 그리스, 크로아티아를 포함해, 아프리카와 아메리카까지 1년쯤 여행하고 싶다는 꿈을 품었다. 그래서 퇴직 1년 전부터 세계 일주 계획을 세우기 시작했다. 아프리카와 남미는 봄과 여름이 여행하기 좋다는 이야기를 듣고, 먼저 유럽을 둘러본 뒤 아프리카의 킬리만자로와 남아프리카 트럭 투어를 거쳐 남미로 향하는 여정을 구상했다.

트레킹을 좋아하는 우리에게 조지아는 매력적인 여행지였다. 먼저 다녀온 직장 동료의 추천과 더불어, 조지아 트빌리시로 가는 저렴한 항공권을 발견해 그곳에서 여정을 시작하기로 했다. 항공권과 트빌리시 숙소, 그리고 투르 뒤 몽블랑(Tour du Mont Blanc: TMB) 산장들만 미리 예약해 두고, 나머지는 여행 중에 계획을 세워 가기로 했다.

여름에 조지아에 다녀온 직장 동료는 날씨가 매우 더웠다고 해서, 우리는 봄이 더 적기라고 판단하고 3월 31일 조지아의 수도 트빌리시로 출발했다. 도시 여행에는 좋은 시기였지만, 트레킹을 하기에는 다소 추웠다. 4월이 되어도 산속에는 눈보라가 날리고, 산길은 눈이 쌓여 있거나 녹기 시작해 질퍽거렸다. 특히 카즈베기산 정상은 가이드를 동반해야 했고, 동행할 사람이 없었을 뿐 아니라 눈이 녹지 않아 오를 수 없었다.

결국 조지아에서는 게르게티 삼위일체 교회 트레킹만 하고, 나머지 트레킹은 포기했다. 대신 와인의 발상지답게 와이너리 투어를 즐기고, 트빌리시 시내와 보르조미, 바투미 등을 둘러본 뒤 튀르키예로 이동했다.

이집트 여행 때 이미 이스탄불을 들른 터라, 튀르키예에서는 새로운 지역을 중심으로 여행하기로 했다. 조지아 바투미에서 육로로 트라브존에 입국한 뒤, 오래전부터 가 보고 싶던 카파도키아와 파묵칼레를 둘러보았다. 이어 배를 타고 그리스의 산토리니로 건너갔다.

그리스에서는 아테네와 메테오라를 여행한 뒤, 육로로 알바니아로 넘어갔다. 원래 계획에 없던 일정이었지만, 크로아티아로 가기 위해선 알바니아와 몬테네그로를 거치는 것이 가장 빠른 길이었다. 게다가 여행 중 만난 사람들의 추천도 있어 일정을 추가하게 되었다.

결과적으로는 좋은 여행이었다. 두 나라는 우리가 잘 알지 못했던, 그러나 매력적인 여행지였다. 1970~1980년대 우리가 학생이었던 시절, 동유럽은 공산국가였기 때문에 막연한 두려움이 있었다. 하지만 실제로는 유럽 여행객들도 많고 분위기도 밝았다. 사람들은 친절했고, 문화유산과 자연환경 모두 놀랍도록 풍부했다.

예약해 둔 투르 뒤 몽블랑 일정에 맞추기 위해 크로아티아와 슬로베니아로 향했다. 크로아티아에서는 두브로브니크, 스플리트, 자다르, 플리트비체, 자그레브를 차례로 둘러보고, 슬로베니아의 류블랴나로 이동해 블레드와 보힌 호수도 방문했다. 이후 프랑스 샤모니로 넘어가 '투르 뒤 몽블랑'을 트레킹하고, 이탈리아 돌로미티, 베로나, 밀라노를 여행했다.

밀라노에서 아프리카로 이동할 항공편을 찾던 중, 탄자니아 잔지바르행 항공권이 저렴해 잔지바르에서 잠시 쉬어 가기로 했다. 밀라노의 더위에 지쳐 도착한 잔지바르는, 휴식을 취하기에 완벽

한 장소였다. 잘 정비된 리조트와 자연 그대로의 풍경이 조화를 이루는 천혜의 휴양지였다.

잔지바르에서 충분한 휴식의 시간 보낸 뒤, 우리의 아프리카 버킷리스트 중 하나였던 킬리만자로 등정을 위해 모시로 이동했다. 고산 적응 여부가 정상 등반의 성공을 좌우한다고 하여 고산 적응일이 하루 더 포함된 5박 6일 일정으로 도전에 나섰고, 마침내 킬리만자로 정상 등정을 해냈다. 이어서 남아프리카공화국 케이프타운에서 시작해 빅토리아 폭포까지 20일간 트럭 투어를 하며 아프리카를 여행했다. 빅토리아 폭포를 구경한 후에는 남미로 건너갔다.

페루에서는 와라즈의 69호수, 와이와시 트레킹, 살칸타이 트레킹을 통해 마추픽추까지 걸어갔고, 무지개산도 올랐다. 이후 볼리비아의 라파스와 우유니, 칠레의 아타카마 사막과 산티아고, 토레스 델 파이네 W 트레킹을 이어 갔다. 아르헨티나에서는 엘 칼라파테의 모레노 빙하, 엘 찰텐의 피츠로이 등반, 바릴로체, 부에노스아이레스, 이구아수 폭포를 차례로 여행했다. 그리고 마지막으로 브라질 리우데자네이루에서 긴 여행의 끝을 맺었다.

그렇게 우리는 1년여의 시간 동안, 지구를 반 바퀴 돌며 걷고 머물렀다. 계획한 길도 있었지만, 우연히 들른 길에서 더 큰 감동을 받기도 했다. 이 여행은 단순한 이동이 아니라, 우리 인생의 새로운 챕터를 여는 과정이었다. 여행은 삶과 비슷한 점이 많다. 어딘가를 향해 꾸준히 움직인다는 것. 움직이다보면 아름다운 것을 마주한다는 것도.

　이 책은 우리가 남긴 기록이자, 누군가의 여행이 시작되기를 바라는 마음으로 쓴 안내서다. 같은 길을 걷지 않더라도, 이 여정을 통해 누군가의 마음이 잠시나마 움직인다면 그것만으로도 충분하다.

여행 노선

프롤로그: 퇴직한 김에 세계 일주   5

퇴직한 김에, 유럽

조지아	14
튀르키예	30
그리스	44
알바니아	50
몬테네그로	57
크로아티아	60
슬로베니아	70
투르 뒤 몽블랑	80
이탈리아	106

퇴직한 김에, 아프리카

탄자니아	132
남아프리카공화국	148

| 아프리카 트럭킹 | 154 |
| 빅토리아 폭포 | 171 |

퇴직한 김에, 남미

페루	178
볼리비아	201
칠레	209
아르헨티나	220
브라질	244

| 에필로그: 여행의 끝, 새로운 시작 앞에서 | 250 |
| 작가 인터뷰 | 255 |

퇴직한 김에 유럽

조지아

3.31~4.12

트레킹하기 좋은 나라, 조지아

조지아는 북쪽으로 러시아, 남쪽으로는 튀르키예, 서쪽으로 아제르바이잔과 아르메니아, 동쪽으로는 흑해와 맞닿은 구소련에서 독립한 국가다. 우리나라처럼 지리적 이유로 강대국들 사이에서 수많은 침략과 고난의 역사를 겪어 왔다.

지형은 대부분 거친 산악 지형으로, 코카서스산맥이 국토를 관통한다. 산악 지형 덕분에 자연이 원형 그대로 보존되어 있어 트레킹하기에 더없이 좋은 나라다. 그래서 서유럽 사람들도 조지아의 자연에 매료되어 많이 찾는다. 특히 코카서스산맥을 따라 걷는 트레킹 코스는 환상적이었다.

지리적으로는 아시아에 더 가깝지만, 역사·문화·종교적으로 보면 동유럽에 더 가깝다고 할 수 있다. 한때 공산주의 국가였던 이곳에서, 코카서스의 자연 속에서 만끽할 트레킹을 기대하며 조지아로 출발했다.

3월 31일, 여행 첫날은 정말 하루가 길게 느껴졌다. 인천에서 아침 6시 30분 비행기를 타고 카자흐스탄 알마티를 경유해 밤 11시가 다 되어 조지아 트빌리시의 호텔에 도착했다. 시차 5시간을 포함해 무려 22시간 30분이나 걸린 고단한 여정이었다.

설렘 반, 걱정 반으로 '퇴직한 김에 배낭 메고 세계여행'은 이렇게 시작되었다.

조지아의 봄, 트빌리시에서 시그나기까지

조지아의 수도 트빌리시는, 수도라고 하기엔 믿기 어려울 만큼 작고 아담한 도시였다. 강을 따라 펼쳐지는 풍경은 고요하고 아늑한 소도시의 느낌을 주었고, 도심 곳곳엔 여유로운 분위기가 감돌았다. 대중교통을 이용하려면 교통 카드가 필요하며, 버스를 탈 때 반드시 챙겨야 한다.

트빌리시에는 메테키 성당, 므타츠민다 공원, 삼위일체 대성당, 시오니 대성당, 자유 광장, 조지아 국립 식물원, 트빌리시 모스크, 제벨리 트빌리시, 평화의 다리, 메이단 바자르, 시계탑 등 다양한 볼거리가 있다.

3월 31일 일요일의 첫 숙소로 예약한 곳은 마르코스 호텔(Marcos Hotel)이었다. 공항에 밤늦게 도착하는 일정이라 공항 근처로 예약했다. 공항에서 볼트(Bolt)로 택시를 불러 탔는데, 지도에 표시된 위치를 지나 시내 쪽으로 계속 가기에 택시 기사에게 이야기를 해 유턴하게 했다. 하지만 지도를 봐도 정확한 위치를 찾지 못해, 결국 중간에 내려 현지인들에게 물어물어 찾아갔다.

호텔 간판도 없었고, 호텔이 있을 법한 곳도 아니었다. 가구 공장 옆에 숨어 있듯 자리한 호텔은 입구도 잘 보이지 않아 한참을 헤매다 겨우 찾아냈다. 늦은 밤이라 씻고 곧장 잠자리에 들었다.

다음 날 아침에는 주변을 산책한 뒤 호텔에서 준비해 준 간단한 빵과 주스로 아침을 먹었다. 이후 버스를 타고 다음 숙소인 파브리카 호스텔로 향했다. 트빌리시 버스는 내가 가진 신용카드로는 요금 결제가 가능했지만 삼성 페이는 사용할 수 없었다.

4월 1일 월요일부터 4월 3일 수요일까지 2박 3일간 머문 숙소는 파브리카 호스텔(Fabrica Hostel)이었다. 옛 방직 공장을 리모델링한 이색적인 숙소라 하여 한국에서 미리 예약해 찾아갔다. 일부러 구경하러 오는 사람도 많다고 해서 기대하며 갔는데, 실제로 볼거리가 많았다.

옛것을 버리지 않고 리모델링하여 새로운 공간으로 재탄생시킨 모습이 인상 깊어 정말 좋았다. 객실 안에는 방직 공장의 흔적이 그대로 남아 있었고, 넓은 공간 곳곳에는 카페와 상점 등 다양한 시설들이 들어서 있어 북적이는 활기가 느껴졌다.

오후 2시에 체크인이 가능하다고 해서 짐을 맡기고 식물원으로 갔다. 강가를 따라 걸으면서 평화의 다리를 보고 케이블카를 타고 어머니상이 있는 곳으로 갔다. 수선화 꽃다발을 하나 사서, 우리의 여행이 겨울을 이기고 봄을 가장 먼저 알리는 수선화 같기를 기원하면서 식물원으로 내려갔다.

봄이 온 식물원은 생명이 살아 움트는 것 같은 기운이 느껴졌다. 봄은 언제나 모든 생명에 숨을 불어넣는다. 폭포, 사이프러스 길, 일본정원 등 다양한 구경거리가 있었다. 식물원을 나오니 나리칼라 요새로 올라가는 길로 연결되었다. 각종 봄꽃이 피어 있는 가파른 계단을 올라 요새에 갔다. 무너져 가고 있는 가파른 요새를 아슬아슬 올라가니 전망이 너무 좋았다. 분지로 되어 있는 트빌리시를 요새 위에서 보니 너무너무 잘 보였다. 신구가 조화를 이루고 있는 트빌리시의 전경이 흐르는 강물과 함께 더없이 평화로워 보였다.

이후 메이단 바자르 근처 레스토랑에서 점심을 먹고, 메이단 바자르를 구경했다. 건물 통로에 위치하는 바자르는 규모는 작았으나, 아기자기한 기념품들이 많았다. 이곳이 여행의 마지막 장소였다면 사고 싶을 만큼 예쁜 소품들이 많았다. 트빌리시 주요 명소를 걸으며 둘러보니 조지아에 대한 기대감이 더욱 커졌다. 근처 여행사에 들러 다음 날 갈 시그나기 와이너리 투어를 예약하고,

강변을 따라 숙소로 천천히 걸어서 돌아왔다.

　4월 2일에는 시그나기 와이너리 1일 투어를 떠났다. 시차 적응이 되지 않아 새벽 3시에 눈이 떠졌고, 다시 잠이 오지 않았다. 라면 등으로 간단히 아침을 먹고 7시에 숙소를 나섰다.

　가장 먼저 향한 곳은 강 언덕에 우뚝 세워져 있는 메테키 성당이었다. 이날은 화요일이었는데, 의미가 있는 날인지 아침부터 현지인들이 성당 안을 가득 메우고 있었다. 관광지로만 보기보다, 그들의 일상 속 신앙을 가까이서 볼 수 있어 더욱 인상 깊었다. 진지하고 간절한 표정에서 그들의 삶이 묻어났다. 우리도 여행이 안전하고 즐겁게 이어지기를 기도했다. 성당에서 내려다본 트빌리시 전경도 아름다웠다.

와이너리 투어는 9시에 출발했다. 추러스같이 생긴 조지아 전통 간식인 추르츠헬라(Churchela), 그리고 다양한 와인을 시음했다. 화덕에서 구운 조지아 빵 쇼티는 2리라에 사 먹었고, 이후 보드베 수도원으로 향했다. 잘 가꾸어진 정원과 탁 트인 전망이 인상적이었다.

멀리 보이는 시그나기 마을이 아름답게 펼쳐진 시그나기 전망대, 주황색 지붕과 언덕 위 요새 같은 시그나기 시내, 900년 된 백양나무도 둘러보았다. 이어 와이너리 체험이 이어졌다.

시그나기 1일 와인 투어는, 단순한 미각의 경험을 넘어 조지아 시골의 풍경과 삶을 들여다보는 여정이었다. 조지아의 시골은 우리의 시골처럼 점점 소멸해 가는 모습이었다. 안타깝다. 이렇게 변해 가는 것이 자연의 순리일 텐데… 왜 이리 슬플까.

그림 속 환상의 풍경, 트레킹의 천국 스테판츠민다

이날은 우리가 조지아에 온 목적이자 가장 기대하던 코카서스 트레킹을 하기 위해 카즈베기로 이동했다. 아침 일찍 일어나 라면으로 아침을 먹고, 지하철 타고 디두베 버스터미널로 향했다. 그곳에서 카즈베기행 미니밴을 50리라에 타고 갔다. 미니밴은 아나누리 성과 구다우리 전망대를 거쳐 카즈베기로 향했다. 처음에는 진바리 호수를 따라 이어지는 평범한 호반 도로였지만, 진바리 호수를 지나면서부터는 본격적인 산악 지형이 시작됐다.

조지아에서 가장 큰 스키 리조트가 있는 구다우리로 오르기 시작하면, 아찔한 절벽 길을 수없이 지나야 한다. 이후 코카서스산맥을 넘는 꼭대기 즈바리 패스를 지나고, 다시 굽이굽이 이어지는 산길을 따라 내려오면 몇 개의 작은 마을을 지나 스테판츠민다 마을에 다다를 수 있다.

특히 구다우리 전망대를 지나 즈바리 패스로 오르는 길은 지금까지 겪어 본 길 중 가장 험난했다. 커브는 심했고 도로 곳곳은 파손되어 있었으며, 좁은 터널 속에서는 화물트럭과 아슬아슬하게 교행해야 했다. 9시쯤 출발한 미니밴은 오후 1시경 우리를 카즈베기에 내려주었다. 예약한 호라이즌 호텔(Horizon Hotel)은 지도상으로는 도착한 것 같았지만, 간판이 없어 찾을 수 없었다. 서성이던 우리를 알아본 주인아저씨가 나와 반갑게 맞아 주었다.

미니밴을 타고 카즈베기로 가는 길에, 중세 13세기에 지어진 아나누리성과 구다우리 전망대에 잠시 들러 구경했다. 아나누리성은 조지아에서 가장 큰 호수인 에메랄드빛 진바리 호수를 품고 있어 풍광이 좋았다. 하지만 이렇게 아름다운 성이 제대로 관리가 되지 않는 듯해 조금 안타까운 마음도 들었다. 성 안 구석구석을 보며 호수의 전망을 즐기고 있는데, 미니밴 기사님이 가자고 재촉했다. 아쉬운 마음을 뒤로 하고 다시 길을 나섰다. 봄이라 수량이 줄어들기는 했지만, 호수의 규모와 풍광은 여전히 인상 깊었다.

　이어 도착한 구다우리 전망대는 러시아와 조지아 간의 우호를 기념하기 위해 러시아 측에서 세운 반타원형의 구조물이다. 이곳에서 바라본 카즈베기의 전망은 정말 장엄했다. 눈 덮인 산봉우리의 웅장함은 코카서스산맥의 위용을 상상하게 했고, 아래로 펼쳐지는 구다우리 협곡 또한 굉장한 풍경을 자랑했다. 이런 곳에 이런 협곡이 있다니, 그저 감탄이 나올 뿐이었다.

　겨울 속에 봄은 오고 있었다. 기대와 달리 4월 초 카즈베기는 아직 겨울이었다. 사방으로 보이는 것은 설산이었고 심지어 눈발까지 날렸다. 그래도 여기까지 와서 카즈베기의 상징 게르게티 삼위일체 교회(츠민다 사메바 성당)에 가지 않을 수는 없었다. 마을길을 벗어나니 눈길이었으나, 눈이 녹은 양지바른 길을 따라 오가는 차를 피해 가면서 정상에 있는 교회를 향해 올라갔다.

　응달을 지나 양지바른 능선에 올라가니 아니 봄꽃이 한가득이다. 눈 속 추위를 뚫고 올라오는 봄꽃을 보니 자연의 위대함이 가슴 뭉클하게 한다. 인간이 만들어놓은 교회를 보러 왔지만, 정작 마음을 빼앗긴 것은 눈 속에 핀 그 꽃들이었다. 바위에 앉아 한참을 바라보며 겨울 속의 봄을 맘껏 누렸다.

　우리 인생도 이와 같겠지. 겨울인 것 같아도 어느 곳에서는 봄이 오고 있겠지.

　카즈베기산 등산도 하고 싶었으나 아직 눈이 녹지 않아 어렵다는 관광안내소의 이야기를 듣고 트레킹은 접고 주변 폭포와 호수를 다녀왔다.

봄빛 가득한 광천수 계곡이 있는 곳, 보르조미

카즈베기의 날씨와 산 상태도 좋지 않았고, 카즈베기에서 만난 한국 여행객의 정보에 따르면 메스티아는 눈이 더 많고 공사도 진행 중이라 접근이 어렵다고 했다. 그래서 메스티아의 트레킹은 포기하고, 튀르키예로 넘어가는 길목에 있는 보르조미와 바투미를 들르기로 했다. 트빌리시 디두베 버스터미널에서 미니버스를 타고 약 2시간 후, 보르조미에 도착했다.

이곳에는 천연 광천수가 나오는 계곡이 있다고 하여 찾아가 보기로 했다. 광천수가 나오는 수영장을 찾아가는 길은 숲속 계곡을 따라 걷는 산책로였고, 힘차게 흐르는 물줄기와 파릇파릇 돋아나는 새순들이 봄날의 연두색 풍경을 완성하고 있었다.

약 한 시간 남짓 걸어 도착한 광천수 수영장은 온천이라고 하기엔 물이 미지근했고 날씨도 다소 쌀쌀했다. 하지만 여기까지 와서 그냥 돌아가기는 아쉬워, 현지인들과 어우러져 온천을 즐기다 보니, 우리도 어느새 조지아 사람이 된 것 같았다. 봄기운 가득한 길을 따라 내려오며, 보르조미에서의 하루를 오롯이 마음에 담았다.

보르조미 시장에 들러 닭을 한 마리 사 와 푹 삶아 먹었더니, 생각보다 먹을 만했다. 우리는 평소에 음식을 싱겁게 먹는 편인데,

조지아 음식은 전반적으로 너무 짰다. 그래서 이번 보르조미 숙소는 취사가 가능한 곳으로 예약해 직접 해 먹기로 했다. 하지만 식재료를 따로 가져오지 않아, 결국 우리가 현지에서 준비할 수 있었던 건 오이, 고추, 그리고 계란프라이뿐이었다. 그렇게 소박한 저녁을 만들어 먹으며, 현지 식단과는 또 다른 우리만의 방식으로 조지아의 하루를 마무리했다.

절벽에 남은 삶의 흔적, 바르지아에서

원래는 아할치헤로 넘어가 바르지아 동굴을 둘러볼 예정이었으나, 현지에서 만난 투어를 권하는 아저씨와 함께 1일 투어를 하게 되었다. 대중교통이 불편한 지역이라, 투어로 여러 곳을 편하게 둘러볼 수 있었다. 사진 포인트에서는 직접 사진도 찍어 주었고, 시간 낭비 없이 이동할 수 있어 훨씬 효율적인 하루였다. 봄이 오는 바르지아로 향하는 길은 정말 아름다웠다. 강을 따라 이어진 길, 흐르는 강물, 거대한 바위 절벽, 그리고 연두빛 새순들이 어우러져 어느 곳을 바라보아도 마치 한 폭의 풍경화 같았다.

1일 투어에서 가장 먼저 찾아간 곳은 조지아에서 가장 오래된 케르트비스 요새였다. 조용한 시골 마을 산 중턱에 우뚝 솟아 있는 이 요새는 허물어져 가고 있는 오래된 성이었다. 찾아오는 사람이 별로 없어 고즈넉한 분위기가 슬프면서도 좋았다. 평안한 시골 분위기와 어우러져 스러져가는 케르트비스 요새는 조지아의 한 모습 같아 마음이 쩽하게 저렸다.

다음으로 향한 곳은 우리가 가 보고 싶었던 바르지아 동굴이었다. 바르지아 동굴은 일종의 동굴형 주거지로, 바위 절벽에 사람들이 살았던 흔적이 남아 있는 곳이다. 아찔한 절벽 동굴에 삶의 터전을 마련하고 산 사람들의 모습을 상상하니 대단하면서도 삶의 처절함이 느껴졌다.

삶은 계속되어야 했고, 그들은 닥쳐온 고난 속에서도 자연을 최대한 활용해 살아 냈다. 그 위대함이 마음 깊이 전해졌다. 지금도 동굴 안쪽까지 들어가려면 인공 구조물을 설치해야 할 정도로 험준한 곳이지만, 그 아슬아슬한 길을 걷는 것만으로도 마치 모험을 하는 기분이었다.

동굴 아래로는 유유히 흐르는 강물이 펼쳐져 있었고, 강변의 밭에서는 농부가 밭을 갈고 씨를 뿌리고 있었다. 그 모습이 인상적이었다. 바르지아 동굴을 구경하고 아할치헤성 가는 길에 작은 마을에 있는 빵 가게에 들러 화덕에서 금방 구워낸 따뜻한 쇼티를 점심으로 먹었다.

잘 정비된 아할치헤성을 구경하고 보르조미 가까이에 위치한 치타케비 수도원을 둘러보며 1일 투어를 마무리했다. 조지아에는 우리가 알지 못했던 수많은 문화유산이 아직 남아 있었고, 그 속엔 인간 삶의 흔적이 고스란히 스며 있었다.

알려지지 않은 문화유산들을 우리는 어떻게 보존해 나가야 할까? 여러 감정이 교차하며 아쉬움을 남긴 바르지아 1일 투어였다.

흑해의 바람이 불어오는 항구 도시, 바투미

4월 9일에는 보르조미에서 바투미로 이동했다. 숙소에서 서양식 조식을 먹고, 9시 버스를 타고 출발해 고속도로와 공사 중인 도로를 열심히 달려 12시쯤에 바투미에 도착했다. 바투미는 몽돌해변으로 유명한 흑해 연안 항구 도시다. 남쪽으로 20km만 가면 튀르키예 국경이며, 육로로 트라브존까지 이동 가능한 지역이기도 하다. 바투미에서 트라브존까지는 국경에서 버스를 갈아타는 방식으로 이동할 수 있다.

버스에서 내려 가까운 곳에 위치한 부티크 호텔 테라스에 숙소를 잡았다. 엘리베이터가 없어 오르내리기는 불편했지만, 전망은 훌륭했다. 점심 겸 저녁으로 근처 중국 식당에 들러 마파두부, 가지볶음, 감자채볶음에 밥 두 공기를 시켜 배불리 먹었다. 소화도 할 겸 해변을 따라 걸으며, 바투미 해변의 상징인 '알리와 니노' 조각상도 구경했다. 석양이 내리는 해변은 너무나 아름다웠지만, 날씨가 추워 바다에 들어갈 수 없었던 것이 조금 아쉬웠다.

4월 10일에는 바투미 시내를 구경했다. 전날 밤부터 비가 내리더니 아침에도 보슬비가 내렸다. 조식을 먹으니 괜찮은 것 같아 숙소를 하루 더 연장하려고 했는데 방이 없다는 대답을 들었다. 급히 새로운 숙소를 예약하고, 12시 체크아웃 전까지 기존 숙소에서 시간을 보내다가 시내로 나섰다. 비 내리는 거리에서 시내 구경도 하고, KFC에서 닭튀김을 사 먹으며 간단하게 점심을 해결했다. 새 숙소에 체크인한 뒤, 까르푸에 들러 한국 식재료를 찾아봤지만 마땅한 게 없었다. 결국 닭 한 마리를 사 와서 마늘을 듬뿍 넣고 푹 삶았다. 영락없는 백숙이었지만, 곁들일 반찬이 없어 뭔가 허전한 저녁이었다.

4월 11일에는 바투미 쉐크베틸리 식물원에 갔다. 큰비는 아니나 보슬보슬 봄비가 하루 종일 내렸다. 오전에는 숙소에서 11시 체크아웃할 때까지 인터넷을 하고 사진 정리하며 시간을 보냈다. 이후 하루 묵게 될 숙소로 옮겨 12시에 체크인한 뒤, 식물원에 가기 위해 10번 버스를 탔다. 10번 버스의 종점이 바로 식물원이었고, 해안 절벽 위에 자리한 식물원은 자연의 모습을 그대로 간직하고 있었다. 마침 동백꽃이 절정을 맞이하고 있었고, 다양한 봄꽃들도 제각각 아름다움을 뽐내고 있었다. 오래된 식물원답게 굵직한 나무들도 많았다. 흑해 바다와 어우러진 그 풍경이 눈과 코 모두를 즐겁게 해 주었다.

튀르키예

4.12~4.25

우연한 머무름, 튀르키예 트라브존

조지아 바투미에서 튀르키예 트라브존으로 넘어왔다. 16번 버스를 타고 조지아 국경에서 출국 심사를 하고 튀르키예 국경으로 와서 입국심사를 했다. 국경에는 사람이 많지 않아 출입국 절차는 약 1시간 정도 걸렸다. 이후 330리라를 지불하고 버스에 타서, 약 3시간 만에 트라브존 버스터미널에 도착했다.

터미널에서 카파도키아의 중심도시인 괴레메(Göreme)로 가는 버스를 예약하려고 하니, 가장 빠른 일정이 4일 뒤인 4월 16일 화요일이었다. 퇴직한 후라 남는 것이 시간이지만 이렇게 황당한 일이 일어나다니. 라마단이 끝나고 공휴일이 겹쳐 튀르키예 전역에

서 이동 수요가 폭증했기 때문이라고 한다. 물론 각국의 공휴일을 일일이 알 수는 없고, 사전 예약 없이 여행하다 보면 이런 상황은 언제든 생길 수 있다.

    스쳐 지나갈 계획이었던 트라브존에서 4박 5일을 머물게 되었다. 처음엔 당황스러웠지만, 누가 그러지 않았던가. 피할 수 없으면, 즐기자. 트라브존에서 즐길 만한 것들을 찾아보니, 생각보다 소소하지만 흥미로운 장소들이 꽤 있었다. 우리가 좋아하는 보타닉가든, 아타튀르크 파빌리온, 아야소피아, 그리고 수멜라 수도원까지.

우연히 길어진 이 머무름이, 뜻밖의 여행이 될지도 모르겠다.

아야소피아는 비잔틴 양식의 작고 소박한 성당이다. 5세기경 기독교 성당으로 출발하여 15세기 오스만투르크의 침략을 받았고, 제1차 세계대전 당시에는 소련군에 점령되어 창고로 사용되기도 했다. 지금은 박물관으로 운영되고 있으며, 규모는 작지만 깔끔하고 조용한 분위기를 지니고 있다. 성당 내부 천장에는 프레스코화가 아직도 괜찮은 상태로 보존되어 있었다. 이스탄불의 아야 소피아와는 이름만 같을 뿐, 규모나 성격 면에서는 다른 공간이다. 그리스인(엄밀히 말하면 정교회인)의 퇴거로 인해 성당으로 쓰이지는 않고, 박물관으로 전용되었다. 튤립이 예쁘게 피어 있어 아담한 성당과 어우려져 예뻤다.

트라브존 보타닉 가든은 메이단 공원에서 4km 정도 떨어진 곳에 있다. 시간도 많고 트라브존 시내를 구경하고 싶어 걸어서 가 보았다. 계속 오르막이라 후회를 많이 했지만, 골목, 거리의 봄꽃과 고성을 구경하니 좋았다.

튀르키예 여행 셋째 날, 원래는 미니버스를 타고 수멜라 수도원에 가려 했지만, 시간대가 맞지 않아 결국 1일 투어를 예약하게 되었다. 함께 신청하면 1인당 100리라씩 할인된다고 해서, 우준 괼은 1인 500리라, 수멜라 수도원은 600리라에 다녀올 수 있었다. 트라브존 출발 1일 투어는 먼저 우준괼 방향으로 출발하면서 오전에는 차밭과 폭포를 방문했다.

튀르키예 흑해 동부 연안 언덕배기는 온통 차밭이었다. 봄비를 맞고 새잎을 틔우는 차밭을 보는 것만으로도 힐링이 되었다. 우준괼 투어의 첫 코스는 차밭이었다. 이곳에서 차 시음도 하고, 차가 만들어지는 과정을 직접 체험하고 관람할 수 있었다.

전날도 그러더니 이날도 하루 종일 비가 왔다. 오히려 전날보다 더 많이 오는 듯했다. 그래도 예약한 1일 투어라 '가다 보면 언젠가는 개이겠지' 했는데, 돌아올 때까지 비가 내렸다. 안개비와 구름으로 가득한 우준괼 호수는 '호수와 주변 풍경이 마치 알프스 같다'는 평을 들을 만큼 트라브존 최고의 관광지로 꼽히는 곳이다. 흐린 날씨 속에서도 나름의 분위기는 있었지만, 탁 트인 전망이 보이지 않아 약간은 아쉬운 마음이 들었다.

수멜라 수도원은 트라브존 방문 시 빠뜨릴 수 없는 곳이다. 산세가 좋은 절벽에 세워진 것만으로 인상적이었다. 이 수도원은 로마 제국 분열 직전 시기까지 기원이 거슬러 올라가는 유서 깊은 곳이다. 현재는 정교회 신자들의 퇴거로 수도원으로는 사용되지 않고 있지만, 이곳에는 특히 성모 마리아 이콘과 관련된 유명한 이야기가 전해진다. 전쟁 이후 그리스인들이 추방될 당시, 이곳에 머물던 한 수도자가 이콘이 훼손되는 것을 막기 위해 자신만 아는 장소에 몰래 묻어 두었다고 한다. 그 후 1950년, 그는 다시 이곳을 찾아 이콘을 파냈고, 놀랍게도 이콘은 훼손되지 않은 채 잘 보존되어 있었다. 그는 그 이콘을 그리스로 가져가 '새 수멜라 수

도원'을 세우고 그곳에 모셨다. 지금도 이콘은 여전히 그곳에 보존되어 있다고 한다. 이런 절벽에 이런 수도원을 세우다니! 역시 종교의 힘은 대단하다는 것을 느낀다.

트라브존에 머무는 4박 5일 동안 다양한 튀르키예 음식을 맛보았다. 그중에서도 우리 입맛에 가장 잘 맞았던 것은, 우리나라의 도리뱅뱅이를 떠올리게 하는 트라브존의 대표 음식 함시였다. 짜지 않고 비린내도 없어 정말 맛있었다. 너무 늦게 발견하여 두 번밖에 못 먹고 떠나야 하는 것이 아쉬울 정도였다.

화산이 만든 예술, 카파도키아

트라브존에서 야간버스를 타고 밤새 이동한 끝에, 해가 중천에 떠 있는 시간에 괴레메에 도착했다. 예약한 호텔에 짐을 맡기고 괴레메를 한 번 둘러보았다. 출입 제한된 구역이 없어 자유롭게 여기저기 둘러볼 수 있었다. 길을 제대로 찾을 수 없어서 그렇지 괴레메를 제대로 둘러본 느낌이었다. 기대가 크면 실망이 크다고

했는데, 카파도키아는 기대 그 이상이었다. 20년 전 이스탄불에 왔을 때 카파도키아에 오지 못한 것이 늘 아쉬움으로 남아 있었는데 드디어 이렇게 볼 수 있게 되다니. 이곳에 오기를 정말 잘했다는 생각이 들었다. 이렇게 넓게 펼쳐진 신비로운 자연의 모습이라니.

   카파도키아는 4~13세기에 걸쳐 형성된 기암 마을들을 일컫는 지역명이다. 중앙 아나톨리아 지방 한가운데 위치한 이곳은 과거 화산 활동으로 마그마가 분출되며 생긴 용암 바위 주위에 화산재가 응회암으로 굳어져 만들어졌다. 응회암은 경도가 약해 바람과

물에 쉽게 침식되는데 이로 인해 카파도키아 특유의 버섯 모양 바위들이 형성되었다. 흔히 카파도키아의 석회암 자연 지형은 네브셰히르 동쪽에 위치한 괴레메, 우치히사르, 오르타히사르, 위르귀프, 추부쉰 일대를 의미한다. 카파도키아 지역은 동서 약 400km, 남북 약 250km로 아주 넓다.

그중 데린쿠유 지하도시(Derinkuyu Yeralt Şehri)는 지금까지 발견된 지하 도시 중 가장 큰 규모를 자랑하며, 카파도키아 관광의 핵심 코스로 꼽힌다. 다만 괴레메에서는 거리가 멀어, 그린 투어를 신청해 다녀왔다. 데린쿠유는 튀르키예어로 '깊은 우물'이라는 뜻인데, 이 지역에서 우물을 파다가 우연히 발견된 터라 이런 이름이 붙었다고 한다. 기원전 프리기아인들이 처음 굴을 팠고, 이후 동로마인들이 들어와 크게 확장해서 지금의 형태가 되었다.

로마의 유산, 파묵칼레

카파도키아에서 8시 5분에 출발하는 야간버스를 타고 데니즐리에 도착하니 새벽 6시였다. 도착하자마자 버스회사인 카밀콕(Kamil Koç) 직원의 호객에 따라 50리라를 내고 미니버스를 타고 파묵칼레로 이동했다. 너무 이른 시간이라, 일반 돌무쉬(소형 버스)는 아직 운행하지 않았다. 입장료는 30유로였으며, 신발을 신고 올라갈 수 없어 신발을 담을 비닐봉지를 준비해야 했다.

아쉬운 점은 유네스코 세계 복합유산으로 지정되면서 물을 흘

려보내는 횟수가 제한되었다는 것이다. 게다가 관광객들로 인한 환경 파괴가 심각하여 대부분 구간은 접근이 금지되어 있다. 금지 구역에 가까이 가면, 나무 그늘에 숨어 있던 경찰이 호루라기를 불며 쫓아내기도 했다. 현재는 족욕만 허용된 일부 구간만 접근 가능하며, 극히 일부에서만 물에 몸을 담가 볼 수 있다. 얕고 넓은 웅덩이가 많아 몸을 담그는 것도 가능한 구간이 있었는데, '언제 또 이런 곳에서 몸을 담글 수 있을까?' 하는 생각이 들어 결국 나도 몸을 담가 보았다.

로마 유적 히에라폴리스는 파묵칼레 정상 중간 지점쯤에 있는 사적지로, 파묵칼레와 같이 '히에라폴리스-파묵칼레(Hierapolis-Pamukkale)'라는 이름으로 유네스코 세계유산에 등재된 곳이다. 입장료는 파묵칼레에 포함되어 있다. 보존 상태는 나름 괜찮은 편이었다. 이 거대한 유적이 이렇게 잘 보존되어 있다니. 원형 극장의 꼭대기에 앉아 아래를 내려다보며, 구경하는 사람들 사이로 흐르는 로마의 향연을 느낄 수 있었다. 유적지는 끝에서 끝까지 굉장히 넓었고, 다양한 석조 유물들이 남아 있었다. 봄날 따뜻한 햇살 속에 빛나는 석조 구조물은 로마 제국의 향기를 고스란히 품고 있는 듯했다. 중간에 있는 히에라폴리스 박물관은 유물은 많이 모아 놓았으나 온전한 것이 없고 훼손이 심해 안타까운 마음이 들었다. 정상 가까이에는 십이사도 중 하나인 성 필리포스의 순교지와 기념 성당 유적도 있다고 하나, 이미 많이 돌아다닌 뒤라 너무 피곤해 올라가지는 못했다.

카파도키아에서는 벌룬투어 비용이 너무 비싸기도 하고, 우리가 머무른 4일 중 하루밖에 뜨지 않았고 전망대에서 보는 것도 좋아 결국 하지 못했었는데, 파묵칼레 숙소에 체크인하자마자 열기구 관광을 권유받았다. 가격이 단 50유로로, 카파도키아의 4분의 1 수준이었고 부담 없이 신청할 수 있었다. 해가 뜨는 새벽 공기 속에서 하늘을 나는 기분은 말로 표현할 수 없을 만큼 특별하게 느껴졌다.

예상 밖의 경로 변경, 산토리니로 가는 길

그리스 산토리니로 가기 위해, 로도스에서 산토리니로 가는 배편을 목요일에 미리 예약해 두었다. 파묵칼레 여행을 마친 뒤, 페티예로 이동했다. 페티예에서는 로도스로 가는 배가 매일 운항되는 줄 알고, 남은 튀르키예 리라를 사용해 현지에서 직접 표를 사려고 예매는 하지 않았다.

하지만 막상 도착해 보니, 바람도 많이 불고 비수기에는 일주일에 단 두 번만 배가 운항된다는 사실을 알게 되어 당황했다. 수소문 끝에, 마르마리스에서는 로도스로 가는 배가 있다는 정보를 듣고 급하게 마르마리스로 방향을 바꾸었다.

그렇게 마르마리스행 로컬 버스를 타고 3시간을 이동했다. 이 로컬 버스는 정해진 정류장 외에도 손만 들면 승객을 태우는 방식이었고, 굽이굽이 휘어진 산길을 따라 마을을 지나며 느릿하게 달렸다.

그리스
4.25~5.7

낭만이 물든 절벽 마을, 그리스 산토리니

   그리스의 에게해 남부에 있는 산토리니섬은 그림처럼 아름다운 풍경과 고전적인 파란색과 흰색 건물들로 유명하다. 해변도 많아 전 세계인이 꿈꾸는 신혼여행지로 손꼽히기도 한다. 산토리니섬은 북쪽에서 남쪽으로 초승달 모양으로 배열되어 있으며, 동쪽에는 해변이 이어지고, 중앙 언덕에는 포도밭이 펼쳐져 있다. 서쪽은 깎아지른 절벽 위에 수많은 호텔들이 들어서 있고, 그곳에서는 조용한 만(灣)을 내려다보며 360도 바다 전망과 일몰을 감상할 수 있다. 그 풍경은 매우 낭만적이다. 섬의 주요 도시는 피라(Fira)와 이아(Oia) 마을이다. 활기찬 분위기의 피라 마을은 서쪽

　절벽 위에 있으며 좁은 골목 사이에 상점과 레스토랑이 많이 있다. 바다 전망을 볼 수 있는 좋은 장소이다. 피라에서 차로 20분 거리에 있는 이아 마을은 산토리니섬의 또 다른 관광 중심지로, 푸른 지붕 교회 외에도 에게해와 흰색 마을이 어우러진 아름다운 일몰을 볼 수 있다.

　산토리니 피라에 도착해서 피라 마을을 구경하고, 버스를 타고 이아 마을에 갔다. 바다가 잘 보이는 이아마을 리조트에서 수영도 하고 일몰을 보면서 2일간 행복한 시간을 보내고. 이아마을에서 피라마을까지 트레킹을 해서 갔다. 트레킹 길은 약간의 오르막 내

리막이 있으나 걷기 좋은 길이었다. 지중해의 푸른 바다와 독특한 화산 지형과 다양한 야생화 등 불어오는 바람과 함께 걷기의 즐거움을 만끽할 수 있다. 걷기를 좋아하는 사람이면 걸어볼 만하다. 피라 마을에서 갈 수 있는 산토리니의 여러 곳을 둘러보면서 산토리니에서 즐길 수 있는 모든 것을 즐긴 꿈같은 시간들이었다.

아테네에 가야 하는 이유, 아크로폴리스

세계 문명의 중심, 아크로폴리스를 보기 위해 아테네를 찾았다. 한인 민박에 도착해 짐을 풀고, 아테네 여행 코스에 대한 설명을 들은 뒤 잠시 쉬다가 오후 1시 조금 넘어 아크로폴리스를 향해 출발했다. 지금 시간에는 줄이 길지 않다 하여 현장에서 표를 사기로 했는데, 겉보기에는 짧아 보였던 줄이 생각보다 매우 더디게 움직였다. 결국 오후 2시가 조금 넘어 입장할 수 있었다.

살랑살랑 봄바람이 불어오고, 사람도 적당히 있는 4월의 마지막 날, 아크로폴리스 여행을 하기에 딱 좋은 날씨였다. 유네스코 세계유산이자 유럽 문명의 기원이라 할 수 있는 아크로폴리스 유적지는 파르테논 신전, 에레크테이온, 니케 신전, 그리고 사도 바울이 연설했던 장소이자 전쟁의 신 아레스가 재판을 받았던 아레오파고스 언덕 등을 포함한다. 이곳은 그리스 고대 유적의 하이라이트이자, 인류 문명의 소중한 유산이었다.

하늘과 맞닿은 신의 터, 메테오라

아테네에서 기차를 타고 3시간, 버스를 타고 2시간이나 걸려 칼람바카에 도착했다. 대중교통편이 불편하여 대부분 여행자들은 렌터카를 이용하거나 아테네에서 당일 투어를 이용해 메테오라를 방문한다. 하지만 우리는 이후 알바니아로 넘어갈 계획이었기에, 불편하더라도 대중교통을 이용하기로 했다.

늦게 예약한 데다 때마침 그리스 정교의 부활절 연휴 기간이라 기차 좌석은 만석이었고, 우리는 뒤로 가는 좌석에 앉아야 했다. 불편하긴 했지만 친절한 현지인들과 마주한 그리스 기차와 버스 경험은 좋은 추억이 되었다. 알바니아행 버스가 지나가는 도시 야오니나로 가는 버스는 부활절 당일인 일요일에는 운행하지 않았

기에, 우리는 칼람바카에서 하루 더 머물게 되었다. 덕분에 메테오라의 풍경을 조금 더 여유롭게 감상할 수 있는 기회도 얻게 되었다.

메테오라(그리스어: Μετέωρα)는 '공중에 매달린'이라는 뜻으로, 말 그대로 하늘과 맞닿은 바위 절벽 위에 수도원이 세워진 곳이다. 이곳은 그리스 정교에서 아토스산 다음으로 가장 많은 수도원이 밀집된 지역으로, 가장 가까운 도시는 칼람바카다. 자연적으로 형성된 사암 바위 언덕 위에 수도원들이 자리하고 있으며, 중부 그리스 핀도스산맥과 페네이오스강, 테살리아 평야 북서 끝에 위치한다. 현재까지 남아 있는 여섯 개 수도원이 유네스코 세계유산으로 지정되어 있고, 20세기 들어 설치된 계단을 통해 관광객의 제한적 방문이 가능하다.

버스가 칼람바카에 입구에 들어오면서부터 위용을 드러냈다. 버스에 탄 관광객들은 사진 찍기에 바빴다. 우뚝 우뚝 솟은 바위들은 정말 장관이었다. 성 스테판 수도원 쪽으로 칼람바카에서 오른쪽으로 가는 길을 따라 성 스테판 수도원, 성 트리티니 수도원(부활절 휴관), 로사노 수도원을 거쳐 칼람바카로 돌아왔다.

  도로 삼거리까지는 포장이 안 된 임도였지만, 바위와 산 전망, 야생화 등이 어우러진 걷기 좋은 길이었다. 이후 포장도로를 따라 성 트리니티 수도원 방향으로 가면서 전망대 두 곳에 들러 경치를 감상하며 여유롭게 걸었다. 도로에서 로사노 수도원까지는 계단이 많은 정비된 산길이 이어졌고, 로사노 수도원부터는 도로를 따라 걷다가, 한 커브길에서 칼람바카로 향하는 오르막 트레킹 코스를 발견했다. 그 오르막 고개를 넘자, 푸른 숲 너머로 칼람바카 마을이 모습을 드러냈다. 그리스의 5월은 역시나 신록이 가득한 계절의 여왕. 야생화와 신록, 장대한 바위 전망이 어우러진, 메테오라에서의 트레킹은 정말 감동적인 하루였다.

알바니아

5.7~5.16

푸른 눈을 찾아 걷다, 알바니아 지로카스터르

그리스에서 육로로 크로아티아로 가려면 반드시 알바니아와 몬테네그로를 거쳐야 한다. 마침 시간 여유도 있었고 카파도키아에서 만났던 여행자가 트레킹을 하기에 정말 좋은 나라라며 추천해 준 것도 기억나, 우리는 망설임 없이 알바니아로 향하기로 했다.

발칸 반도에서 가장 작은 나라 중 하나인 알바니아. 면적은 2만 8,748km²로, 경기도와 강원도를 합친 크기이다. 과거 인근 국가와의 잦은 분쟁과 폐쇄적인 경제체제로 인해 저개발 상태였지만, 최근 유럽 여행자들이 늘어나며 알바니아에도 변화의 바람이 불고 있었다. 아직 여행 인프라는 충분하지 않지만, 알바니아만의

　독특한 문화와 분위기, 그리고 다정하기로 둘째가라면 서러운 알바니아 사람들의 따뜻한 미소를 마음속에 담아올 수 있었다.
　알바니아에서 가장 먼저 찾은 도시는 지로카스터르(Gjirokastër)였다. 알바니아 남부에 위치한 지로카스터르는 지로카스터르 주의 주도이며, 유네스코 세계유산으로 지정된 고도다. 동로마 제국 시대인 13세기 후반에 요새가 건설되면서 처음 등장했다. 1419년 발칸 반도에서 세력을 확장하던 오스만 제국에 정복되었다.
　우리는 그리스 요안니나에서 버스를 타고 지로카스터르로 왔다. 숙소에 짐을 풀고 가장 먼저 찾은 곳은 지로카스터르성. 입장료는 400레크였고, 성 주변의 올드타운도 함께 둘러보았다. 다음 날에는 이 지역의 명소 중 하나인 블루아이(Blue Eye)를 보러 갔다. 사란더 방면 미니버스를 타고 약 50분 정도 이동하면 블루아이 입구에 도착할 수 있다. 길을 새롭게 포장하여 걷기에는 아쉬웠지만 깔끔했다. 입구에 킥보드, 바이크 등 이동 수단을 빌려 타고 가는 사람도 많이 있었다.

알바니아의 수도, 티라나

티라나(알바니아어: Tirana)는 알바니아의 수도로, 아드리아해와 접해 있는 두러스에서 동쪽으로 35km 정도 떨어진 곳에 위치한다. 티라나 주의 주도이자 티라나 현의 현청 소재지이다. 제2차 세계대전 이후에 진행된 소련의 원조로 금속·섬유·식품 가공·담배 등의 산업이 발달했다. 인구는 40만여 명(2025년 기준)이다. 시내에는 알바니아의 민족 영웅인 스칸데르베그의 동상이 있다. 16세기까지는 작은 마을에 지나지 않았지만, 17세기 이후 오스만 제국의 지배로 발달했다.

알바니아의 독립을 위해 싸운 장군을 기린 스칸데르베그 광장이 티라나 여행의 중심지이다. 우리도 스칸데르베그 광장을 중심으로 벙크 박물관, 티라나 중앙에 위치한 에템베이 모스크, 1800년대에 건축된 티라나의 상징 시계탑, 많은 성당, 티라나 피라미드 등 많은 것을 구경했다. 한 나라의 수도라기에는 뭔가 어수선했지만 발전하고 있는 것 같았다.

자전거를 타기 좋은 도시, 쉬코드라

티라나에서 2박을 보내고 이제 본격적인 트레킹을 위해 쉬코드라(Shkodër)로 이동하는 날이다. 티라나 인터시티 버스터미널에서 9시 출발하는 버스(500레크)를 타고 약 2시간 정도 평지 길을 달려 쉬코드라에 도착했다. 쉬코드라에 도착하자마자, 트레킹 정보를 얻기 위해 사전 인터넷 예약을 해 둔 완더러스(Wanderers) 게스트하우스를 찾았다.

그런데 도착하자 뜻밖의 이야기를 들었다. 55세가 넘어서 숙박할 수 없다는 것이었다. 트레킹 정보도 숙박객에 한해서 줄 수 있다고 했다. 나이가 든 것도 서러운데…. 아주 난감했다. 결국 인포메이션 센터에서 기본적인 정보를 얻고, 근처 여행사를 찾아 버스-페리-버스로 이어지는 트레킹 루트 티켓 3장을 직접 구입했다.

숙소에 체크인한 뒤 간단히 점심을 먹고, 쉬코드라의 풍경을 보기 위해 자전거(5시간에 500레크)를 렌트했다. 차가 별로 없는 조용한 찻길을 따라 메시 다리, 로자파 성, 쉬코드라 호수를 천천히 둘러보았다. 자전거를 타기에 정말 좋은 도시였다.

알바니아에서 가장 유명한 트레킹 코스인 쉬코드라-발보나-테스 2박 3일 트레킹을 떠나기로 했다. 먼저 트레킹의 시작점인 발보나(Valbonë)까지 가야 했는데, 그 길은 버스-페리-버스를 이어 타야 하는 긴 여정이었다. 인포메이션 센터에서는 아침 7시, 로제타 호텔 앞에서 예약 없이 바로 버스를 타면 된다고 했지만,

혹시 몰라 지나가던 여행사에 들러 표를 미리 예매했다.

다음 날 아침 6시 30분에 여행사 앞에서 버스를 탔다. 버스는 호수를 따라 굽이굽이 이어지는 산길을 약 2시간 달려 페리 선착장에 도착했다. 드디어 댐 호수를 따라 페리에 올랐다. 물빛은 맑고, 바람도 잔잔해 거의 흔들림 없이 흘렀다. 풍경이 정말 장관이었다.

알바니아의 알프스, 테스로 향하는 트레킹

경치를 감상하며 2시간가량 페리를 탄 뒤, 다시 미니버스를 타고 발보나로 향했다. 예상보다 도로 상태도 좋았고, 산속으로 이어지는 길은 깊은 계곡을 따라 펼쳐져 풍경이 정말 좋았다. 약 2시간 후, 트레킹 시작점인 발보나 호텔 앞에 도착했다. 다음 날 아침, 호텔에서 차량으로 트레킹 입구까지 데려다주었기에 여정을

편하게 시작할 수 있었다. 조금만 산속으로 들어가니, '알바니아의 알프스'라는 말이 아깝지 않을 정도로 눈앞에 펼쳐지는 풍경에 발걸음이 절로 가벼워졌다.

테스(Theth) 마을까지는 하루 종일 걸어야 하는 코스로, 높은 고개를 하나 넘어야 하는 힘든 여정이었지만, 길 내내 피어 있는 야생화와 아름다운 숲, 그리고 고요한 풍경들이 마음을 차분하게 정화시켜 주었다. 이 트레킹은 그야말로 자연이 주는 위로였다.

테스 마을에 도착하여 숙소를 구하고 마을을 구경하였다. 맑은 물과 푸르름이 있는 테스 마을은 그냥 있기만 해도 힐링이 되는 산속의 마을이었다. 그다음 날 아침 일찍 테스 블루아이를 찾아갔다. 왕복 20km나 되는 먼 길이었지만, 가고 오는 길의 경치가 좋아 지루한 줄도 모르고 걸었다. 이런 올망졸망한 협곡과 그 끝에 있는 블루아이라니. 우리가 모르는 곳에도 이렇게 많은 신기한 것들이 숨어 있다니. 정말 세계는 넓고 볼거리는 많다.

몬테네그로

5.16~5.22

발칸의 숨은 진주, 몬테네그로

'검은 산'이라는 뜻인 몬테네그로는 발칸의 숨은 진주라 불리는 곳으로 면적이 남한의 15%에 불과한 소국이다. 몬테네그로에서는 아름다운 중세 성곽 도시 부드바(Budva)와 코토르(Kotor)를 구경했다. 수도인 포드고리차(Podgorica)는 딱히 볼거리가 없다 하여 원래는 지나치려 했지만, 쉬코드라에서 부드바로 가는 버스가 포드고리차를 경유하는 탓에 잠시 버스터미널과 기차역 주변을 둘러보게 되었다. 스쳐 지나가는 버스에서 본 포드고리차의 첫인상은 우리나라 읍내 정도의 조용한 풍경이었다.

아름다운 중세 성곽 도시, 부드바

아드리아해 연안에 있는 도시 중 가장 오랜 역사를 자랑하는 몬테네그로의 부드바에 도착했다. 아드리아의 해변과 중세의 성이 함께하는 환상적인 풍경을 지닌 올드 타운을 먼저 구경하고 버스를 타고 스베티 스테판(Sveti Stefan)으로 이동해 해안 길을 따라 다시 부드바까지 걸어왔다. 매우 아름다운 풍경과 다양한 해수욕장을 구경할 수 있었다. 산 능선을 하나 넘으면 또 다른 아드리아해가 펼쳐진다. 파란 물결이 반짝이는 몽돌, 모래, 자갈 등과 어우러져 어찌나 아름다운지. 이 해안 길을 걷기를 정말 잘했다는 생각을 했다. 부드바에서 잠시 머문 후, 도시 전체가 유네스코 세계문화유산으로 지정된 코토르로 향했다. 버스를 타고 약 30분, 요금은 4유로였다.

시대가 겹겹이 쌓인 아름다운 해안 도시, 코토르

몬테네그로에서 가장 유명한 관광지인 코토르는 아드리아해 연안에 자리한 해안 도시이다. 과거부터 군사적으로 중요해서 베네치아 공국은 이곳에 요새를 세웠다. 올드 타운이 잘 보존되어 있어 유네스코 세계문화유산에 등재되어 있고, 유럽 크루즈가 들어올 정도로 아름다운 구시가지를 자랑한다. 사실 몬테네그로의 코토르와 부드바 등은 우리나라에 많이 알려지지 않았을 뿐 이미 유럽에서는 관광지로 상당히 유명한 곳이다.

　부드바에서 코토르로 향하는 버스 안, 바닷가 풍경을 상상하며 기대에 부풀어 있었지만 상상 이상의 풍경이 펼쳐졌다. 바다는 잔잔하게 열려 있고, 그 둘레를 절벽으로 이뤄진 산들이 병풍처럼 감싸고 있어 마치 바다가 아니라 내륙 호수처럼 보였다. 마을을 둘러싸고 있는 고대 성벽을 따라 전망대에 올라가면 코토르의 전경이 한눈에 들어온다. 구시가지 안에서는 600년 넘은 코토르의 상징, 시계탑 앞에서 사진도 찍고, 시대가 겹겹이 쌓인 듯한 거리와 건물들을 천천히 걸으며 감상했다. 5월의 날씨임에도 해수욕이 가능했고, 빨간 지붕과 어우러진 아드리아해의 풍경은 어디서 보아도 예뻤다. 다른 유럽 국가들보다 물가는 저렴하고 경치는 아름다워, 코토르는 머물며 쉬어가기에도 참 좋은 곳이었다. 내가 모르던 몬테네그로는, 유럽 아드리아해의 보석 같은 관광지였다.

크로아티아

5.22~6.1

눈부신 여행지, 크로아티아

　발칸 반도 여행의 하이라이트라고 할 수 있는 크로아티아는 최근 몇 년간 유럽에서 많은 사랑을 받은 여행지 중 한 곳이다. 우리나라 방송에도 자주 등장했고, 그중에서도 플리트비체 호수 국립공원의 장면을 보고 꼭 가 보고 싶었다. 또 『두브로브니크는 그날도 눈부셨다』라는 여행 책을 읽으며 이곳을 꼭 걷고 싶다는 꿈을 품기도 했다. 대표적인 휴양도시 두브로브니크를 비롯해, 스플리트, 자다르, 플리트비체, 자그레브까지 여행하면서 '유명한 데는 이유가 있다'는 말이 절로 떠올랐다.

지상에도 낙원이 있다, 두브로브니크

'지상 최대의 낙원'이라 불리는 크로아티아의 해안 도시 두브로브니크. 우리가 도착한 그날도 눈이 부시게 맑고 푸르렀다. 우리는 이 아름다운 도시에서 3박 4일을 머물렀다. 그 시간 동안 성벽 투어, 로브락 요새, 프란체스코 수도원, 16개의 조각이 새겨진 오노프리오스 분수, 하얀 대리석이 깔린 플라차 대로, 두브로브니크 수호성인의 유물이 보관된 대성당, 우아한 아케이드가 인상적인 스폰자 궁, 그리고 시계탑과 최고 통치자의 집무실이었던 렉터 궁전까지. 도시 전체를 걷고 바라보고 느끼는 시간이었다.

몬테네그로 코토르에서 출발한 버스는 오후 늦게 우리를 두브로브니크에 내려 주었다. 한낮에는 숙소에서 쉬다가, 해질 무렵이 되어 일몰을 보기 위해 일몰 명소로 손꼽히는 스르지산 전망대로 향했다. 마을을 벗어나기 전까지는 계단길이 이어졌고, 이후에는 완만한 지그재그 산길이 펼쳐졌다. 우리는 천천히 사진도 찍고, 함께 올라가는 여행자들과 이야기 나누며 정상으로 향했다. 정상에 오르니, 두브로브니크가 한눈에 내려다보이는 풍경이 펼쳐졌고 해는 서서히 아드리아해로 내려앉고 있었다. 두브로브니크 전망은 좋았고, 산 정상에서 보는 일몰도 좋았다. 일몰을 보고 야경도 보면서 눈부신 두브로브니크를 즐겼다.

두브로브니크 여행의 핵심은 성벽 투어이다. 성벽 투어 입장료가 35유로나 되어 부담되지만, 성벽 둘레를 돌면서 주변 풍경과 주황색 지붕을 배경으로 사진 찍기 좋다. 1일 패스랑 성벽 투어 입장료가 가격이 같아 1일 패스를 구매하여 성벽 투어, 로브리예낙 요새, 기타 1일 패스로 들어갈 수 있는 미술관, 궁전, 성당 등을 둘러보았다. 비 예보가 있어 내일 1일 패스를 살까 했는데 아침 먹고 나니 날씨가 괜찮은 것 같아 성벽 투어를 했더니, 성벽 투어 중에 비가 내렸다. 조금 미끄럽기는 했으나 물기를 머금은 주황색은 더 선명해지고 비가 개인 뒤의 청량함이 좋았다. 어느 여행 작가는 『두브로브니크는 그날도 눈부셨다』라고 했다. 그 말처럼 역시나 눈부셨다.

5월 23일에는 두브로브니크 주변 해수욕장을 돌아보면서 해

수욕을 했다. 걸어서 세베티 자코브 해수욕장 가서 수영하면서 쉬었다. 5월인데도 한여름 같은 날씨에 해수욕장에는 사람들이 많았다. 우리의 해수욕장 풍경과 비슷했다. 맛있는 것을 많이 준비해 와서 그늘에 자리를 잡고 먹으며, 수영하면서 즐겁게 지냈다. 사람 사는 모습은 어디든지 비슷하다. 다음에 바위로 된 바닷가에 갔다. 사진 찍고 서양 사람들 쉬는 것을 구경하다가 다시 반예 비치로 걸어왔다. 햇살은 따가웠으나 수영으로 몸이 차가워져서 걸을 만했다. 반예 비치에는 더 많은 사람들이 있었다. 세계 각 국에서 온 다양한 여행객이 두브로브니크의 해변을 즐기고 있었다. 우리도 반예 비치에서 많은 시간을 보낸다고 지쳐서 숙소에 쉬러 왔다. 바닷물 속에서 노는 것은 언제나 즐겁다.

두브로브니크 1일 패스권으로 입장할 수 있는 로브리예낙 요새(Lovrijenac Fortress)에도 갔다. 당시 입장료는 15유로였다. 올라가려니 경사가 좀 있어 입구 소나무 그늘에서 쉬었다가 천천히 올라갔다. 주변 경치와 고성 조망이 아주 좋았다. 요새에는 사진을 찍을 만한 포인트도 많고 두브로브니크 성벽이 바다와 어우러져 멋진 모습을 볼 수 있었다.

크로아티아 두브로브니크 고성 옆 슈리츠 비치(Beach Šulić)에서 문어를 잡았다. '일찍 일어나는 새가 벌레를 잡아먹는다'는 말이 실현되었을까. 아침형 인간인 나는 일찍 일어나 바닷가를 산책하다가 문어를 발견했다. 우리나라에서도 한 번도 잡아 보지 못한 문어를 먼 이국땅에서 잡으리라고 생각이나 했겠나. 내 행운인지 문어의 불행인지는 모르겠지만, 긴 여행에 지친 내 몸에 영양을 보충해 준 문어에게 고맙다고 해야 할까 싶다.

볼거리가 가득한 항구 도시, 스플리트

스플리트는 눈부신 아드리아해를 품은 항구 도시이다. 아드리아해 연안 최대의 로만 유적 디오클레티아누스 궁전, 엄지발가락을 만지면 행운이 온다는 그레고리우스닌 동상, 로마 황제의 신하들이 거주했던 구시가지 해안가를 따라 형성된 리바 거리 등 볼거리가 무궁무진하다.

파도가 연주하고 태양이 물드는 곳, 자다르

스플리트에서의 2박을 마치고, 자다르도 그냥 지나치기엔 아쉬운 도시라 하루 들르기로 했다. 비 내리는 아침 숙소에서 조식을 먹고 천천히 버스터미널로 출발했다. 비 오는 바닷가엔 해수욕을 즐기는 사람들도 있었고, 그 풍경은 어딘가 더 낭만적으로 느껴졌다. 스플리트에서 오전 10시 15분에 출발하는 버스를 요금 18유로에 타고, 크르카 국립공원을 지나 자다르에 오후 12시 30분경 도착했다. 먼저 다음 날 플리트비체행 버스표를 미리 구매하고, 숙소로 이동해 체크인한 뒤 자다르 바닷가와 올드타운을 구경하러 나섰다.

　버스에서 보는 산과 들판의 풍경이 참 좋았다. 특히 2층 버스 맨 앞자리에 앉아 바라본 풍경은 마치 뷰 맛집 카페에 앉은 기분이었다. 한 시간쯤 지나자 비도 그쳤고, 흐린 하늘 뒤로 햇살이 살짝 비치기 시작했다. 자다르에선 일몰이 유명하다. 파도가 연주하는 '바다 오르간(Sea Organ)' 앞에 앉아, 그 소리를 들으며 해가 지는 풍경을 감상하는 것.

　올드타운을 돌아보고 있을 때는 비가 와서 일몰을 보는 것은 어렵겠구나 싶었는데, 저녁 6시쯤 하늘이 열리고 햇빛이 얼굴을 내밀었다. 그 순간 얼마나 반가웠는지. 유럽 3대 일몰 명소 중 하나라는 이곳에서, 마침내 황홀한 일몰을 볼 수 있었다. 행복한 하루의 마무리였다.

크로아티아 최초의 국립공원, 플리트비체 호수 국립공원

　플리트비체 예제로 호텔 1박 2일 패키지(조식·석식 포함, 이틀 입장권 포함)를 1인 114.5유로에 예약했다. 첫날이라 호텔에 짐을 맡기고, 입장권 바우처를 2번 매표소에서 입장권으로 교환한 뒤 H코스를 따라 플리트비체 국립공원을 둘러보았다. 말이 필요 없는 환상적인 풍경. 5월의 신록과 어우러진 호수와 폭포는, 더할 나위 없이 완벽했다. 화사한 5월의 햇살 속에서 마치 천국을 다녀온 듯한 기분이었다.

짙은 녹음 사이로 16개의 호수와 크고 작은 90여 개의 폭포가 어우러지며 절경을 이룬 플리트비체 호수 국립공원은 크로아티아 최초의 국립공원이다. 이곳은 석회암이 오랜 세월 침전되며 형성된 카르스트 지대 위에 세워진 공원으로, 호수와 동굴, 폭포가 모두 수천 년의 시간이 만든 자연의 선물이다. 물속에 녹아든 광물 성분 덕분에 호수는 날씨와 햇빛의 각도에 따라 하늘색, 청록색, 회색 등으로 색이 달라져 더욱 신비롭다. 우리는 H코스와 K코스를 따라 천천히 걸으며, 플리트비체의 속살을 깊이 들여다보았다. 플리트비체 호수 국립공원은 1979년 유네스코 세계유산에 등재되었다.

예제로 호텔 1박 2일 패키지 덕분에, 둘째 날에도 아침 7시에 조식을 먹고 곧바로 플리트비체 국립공원으로 향했다. 이번에는 K코스를 걷기로 했다. P1 선착장에 도착하니 아무도 없어, 호숫가를 배경으로 사진을 실컷 찍을 수 있었다. 원래는 호수 주변을 걸어가야 했지만, 사람이 없을 때 호수와 폭포 구간을 먼저 보고 싶어 보트를 타고 P2 선착장에 내려 K, C코스 이정표를 따라 걸었

다. 아무도 없는 이른 아침, 반짝이는 햇살과 상큼한 공기 속을 걷는 기분이 참 좋았다. 전날도 본 풍경이지만, 또다시 마주하는 플리트비체의 호수와 폭포는 여전히 새롭고 즐거웠다.

도시와 자연이 공존하는 곳, 수도 자그레브

플리트비체에서 버스를 타고 자그레브로 왔다. 요금은 15유로였다. 비 내리는 차창 밖의 풍경은 목가적이었다. 사람이 떠나고 없는 농촌의 쇠락한 마을도 지나쳤지만, 푸른 초원은 빗속에서 더욱 생기를 띠고 있었다. 약 2시간 30분을 달려 자그레브에 도착했다. 다음 날 자그레브 대성당, 성 마르코 성당, 12시에 대포를 쏘는 로트르슈차크 타워(입장료 3유로) 전망대에 올라 시내 전경과 마토스 동상, 스톤 게이트, 자그레브 터널, 크로아티아 발명품 중 하나인 넥타이 상점 등을 구경하였다.

자그레브 여행 3일 차, 무엇을 할까 고민하다 한인 민박 '코코 하우스' 사장님의 추천으로 메드베드니차산 트레킹을 하기로 했다. 이곳은 자그레브 시민들이 가장 좋아하는 당일치기 여행지이기도 하다. 반옐라치치 광장에서 트램 14번을 타고 종점까지 가면 케이블카 탑승장이 나온다. 등산로 입구는 그곳에서 조금 더 걸으면 나온다. 트레킹 코스는 다양하고, 현지인들이 주로 이용하는 길로 접어들어 조용하고 평화로운 산행을 즐길 수 있었다.

여행 4일 차인 5월 30일에는 전날 산행의 여운과 피로로 인해 하루 더 자그레브에 머물기로 했다. 마침 비 예보도 있어 야룬 호수를 자전거로 한 바퀴 둘러보기로 했다. 자그레브 시민들이 즐겨 찾는 운동과 휴식의 장소인 이곳은 비 온 뒤라 더욱 깨끗하고 싱그러웠다. 잘 정비된 자전거 도로를 따라 천천히 달리며 조용한 시간을 보낼 수 있었다.

슬로베니아

6.1~6.12

자연을 품은 나라, 슬로베니아

알프스의 끝자락에 자리한 슬로베니아는 '알프스의 선물'이라 불릴 만큼 아름다운 자연을 품은 나라다. 유럽의 변방에 자리하고 있지만, 율리안 알프스의 수려한 경관과 고즈넉한 중세 도시의 매력을 함께 지닌 이곳은 전 세계 여행자들의 발길을 사로잡고 있다.

알프스의 보석, 블레드

슬로베니아의 힐링 여행지로 손꼽히는 블레드는 '알프스의 보석'이라 불릴 만큼 아름다운 풍경을 자랑한다. 우리는 약 2시간 30분을 달려 블레드에 도착했다. 수면 위 100m 높이의 절벽 위에 세워진 블레드 성은 멀리서 바라보는 것만으로도 위용을 느낄 수 있었고, 사방이 알프스산맥으로 둘러싸인 블레드 호수는 그 자체로 한 폭의 그림 같았다. 에메랄드빛 호수와 그림 같은 풍경이 어우러진 호수 둘레길을 한 바퀴 둘러보았다. 블레드 성과 블레드 섬의 다양한 모습을 볼 수 있어 걸어보기를 추천한다.

블레드 여행 이튿날에는 블레드에서 가까운 빈트가르 협곡을 갔다. 차 시간도 어중간하고 2시간에 1대 꼴로 운행되기 때문에 우리는 협곡 입구까지 약 30분을 걸어가기로 했다. 버스는 입구 주차장까지만 가고, 셔틀버스를 이용해야 협곡 입구까지 갈 수 있지만, 우리는 도보로 천천히 이동했다.

입장료로 10유로를 내고 안전모를 착용한 뒤 협곡 안으로 들어서면, 바로 장관이 펼쳐진다. 빙하에서 녹아내린 물이 협곡을 따라 우렁찬 굉음을 내며 흐르고, 옥빛을 띠는 물줄기 사이사이로 작은 폭포들이 이어져 내려간다. 청량한 공기와 물소리, 좁은 나무 숲길을 따라 걸었다.

산속의 고요한 품, 트리글라브 국립공원

블레드에서 2박을 한 뒤, 슬로베니아의 유일한 국립공원인 트리글라브 국립공원으로 향했다. 우리는 보힌 호수 마을을 베이스캠프로 삼아 트레킹을 하기로 했다. 블레드에서 요금 3.3유로를 내고 버스를 타고 약 40분 정도 산속으로 들어가면 보힌 호수에

닿는다. 도착하자마자 호수 주변을 둘러보았다.

이른 아침, 사비차 폭포를 먼저 들렀다가 근처에 트레킹 길이 있다고 하여 걸음을 옮겼다. 트리글라브 국립공원 안쪽, 돔 나 콤니(Dom na Komni) 산장으로 가는 길이 이어졌다. 처음부터 이어지는 오르막 지그재그 길은 경사가 어찌나 심한지, 가도가도 끝이 보이지 않는 듯했다. 굽이굽이 이어지는 길이 끝나고도 2시간이 걸려 산장에 도착했다.

산장은 예상보다 규모도 크고, 전망도 끝내줬다. 전망대에 앉아 샌드위치와 커피로 간단히 점심을 먹고, 하산은 다른 길로 하기로 했다. 이정표를 따라 블랙 호수(Crno Jezero) 방향으로 내려가는 길. 안내판에는 1시간 15분 정도 걸린다고 되어 있었지만, 우리는 중간중간 사슴과 비슷한 야생동물을 구경하며 천천히 내려가다 보니 1시간 30분 정도 걸렸다.

그렇게 도착한 블랙 호수. 거대한 절벽으로 둘러싸인 산속 깊은 곳에 자리한 호수는 보는 방향에 따라 전혀 다른 얼굴을 하고 있었다. 위에서 내려다보면 옥빛, 가까이 다가가면 맑고 투명한 물빛, 옆에서 바라보면 검푸른 색으로 보였다. 천의 얼굴을 가진 산속의 거대 호수였다.

깊은 협곡을 따라 걷는 길, 모스트니차

보힌 숙소 주인의 추천을 받아, 슬로베니아 율리안 알프스의

보힌 지역에서 모스트니차 협곡과 폭포 트레킹을 하기로 했다. 계곡 전체가 깊은 협곡을 따라 이어져 있어 접근이 쉽지는 않았지만, 그만큼 눈앞에 펼쳐진 풍경은 장관이었다. 보힌 마을에서 걸어서 1시간 정도 가면 협곡이 시작되고 다시 1시간 정도 걸어가면 폭포가 나온다. 가는 길은 그냥 둘레길처럼 무난하다.

떠나기 아쉬운 곳, 보힌

대부분의 여행자들이 잠시 머물다 지나간다는 보힌. 그런데 우리는 지금까지 여행 중 가장 오래 머물게 되었다. 무려 6박 7일. 보힌은 너무 아름다워서 신이 몰래 숨겨놓은 듯한 곳이었다. 슬로베니아의 트리글라브 국립공원과 자연 그대로의 호수를 품고 있는 이곳은 언젠가 한 달 살기를 해 보고 싶을 만큼 마음에 깊이 새겨졌다. 호수와 산, 그리고 사람 손길 닿지 않은 자연 그대로의 풍경들. 그렇게 며칠을 머무르다 보니 떠나는 것이 쉽지 않았다. 이곳에서의 시간은 느리고도 따뜻했다.

자전거를 빌려 보힌 호수 주변의 자전거 길을 달려 보았다. 상쾌한 공기와 숲이 주는 청아한 풍경. 자전거를 타는 내내 즐거움과 상쾌함이 가득해 정말 좋은 경험이었다.

보힌 1일 패스권에 성당이 포함되어 있어 성당 안에 들어갔다. 옆에서 보는 것이랑 달리 안은 작고 아담했다. 앞부분이 화려하게 장식되어 있었고 세례 요한의 죽음을 표현한 것 같은 프레스코화는 잘 보존되어 있었다. 오랫동안 성당에 앉아 작은 성당이 주는 평안함을 즐겼다. 저녁 6시에 작은 음악회가 있어 또 보러갔다. 그렇게 성당 안에서 많은 시간을 보냈다.

슬로베니아 보힌 호수를 여행하면서 평소에는 보기 힘든 특별한 경험을 했다. 그중 하나는 성당에서 열린 작은 음악회였다. 성당 안에는 약 서른 명 정도가 모여 있었고, 한 시간 남짓 이어진 음악회는 화려하진 않았지만 깊은 울림이 있었다. 연주자와 청중이 하나 되어 음악을 즐기는 모습은, 예술이 삶 속에 자연스럽게 스며든 장면처럼 느껴졌다.

성당 구경을 마치고 나오는 길, 옆집에서 들려오는 흥겨운 음악 소리에 이끌려 발걸음을 옮겼다. 가까이 다가가 보니 마침 회갑 잔치가 한창이었다. 우연히 들른 우리를 반갑게 맞이해 주고,

맛있는 음식도 함께 나눠 먹으며 자연스럽게 그들의 삶 속으로 들어가 보았다. 슬로베니아에서는 환갑을 맞아 친인척과 이웃들을 초대해 이렇게 크게 잔치를 여는구나 싶었다. 나도 곧 환갑인데, 이런 잔치를 하기엔 아직 좀 어린 것 같기도 하다.

슬로베니아의 마지막 여정, 류블랴나

마지막으로는 류블랴나 성을 구경했다. 성으로 가는 길에 예쁜 꽃을 많이 팔고 있었는데, 5유로를 주고 해바라기 두 송이를 샀다. 성 입장료로 12유로를 내고 성 안을 구석구석 둘러보았다. 전망이 아주 좋았다.

이후 류블랴나 올드 타운을 구경했다. 여러 명소들이 한곳에 모여 있어 둘러보기 편했고, 단체 여행객들도 많이 눈에 띄었다.

시장에서는 신선한 과일과 채소를 팔고 있었고, 다리와 동상들을 하나하나 둘러보며 동유럽의 소박한 수도 풍경을 감상했다.

신기하게 길거리 우유 자판기가 있어 우유를 사서 마셔 보았다. 신선하고 고소했다. 가격은 1.3유로였고, 병은 따로 0.3유로였다. 우유 자판기가 있다니 신기했다.

이틀간 묵게 된 곳은 여행 안내서에도 소개되어 있는 이색 숙소, 감옥을 개조해 만든 '첼리차 호스텔(Hostel Celica)'이었다. 하루 더 머물고 싶었지만 예약이 모두 차서 아쉽게도 떠나야 했다. 독특한 호스텔이긴 했지만, 이전 숙소가 너무 편했던 탓인지 조금 불편하게 느껴지기도 했다. 다락방 같은 구조라 계단을 오르내리는 것이 쉽지 않았고, 창이 작고 높아 환기가 잘 안 되었다. 그래도 욕실과 샤워실은 현대식으로 깨끗했다.

첼리차 호스텔의 빈방이 없어 '감옥에서 해방'되었다. 호스텔 직원이 추천해 준 또 다른 이색 숙소, '더 퍼지 로그(The Fuzzy Log)'로 이동했다. 이곳도 독특한 감성이 있는 숙소였다. 체크인 후에는 류블랴나의 마지막을 제대로 즐기기로 했다. 한식이 그리워 찾아간 '얌얌' 한국식당, 프란체스카 성당 내부 관람, 그리고 올드타운 산책까지. 슬로베니아에서의 마지막 밤을 조용히, 그러나 알차게 마무리했다.

투르 뒤 몽블랑

6.12~6.23

버킷리스트, 투르 뒤 몽블랑

　여행은 내 안에 잠든 열정을 깨우는 에너지이다. 퇴직 후 세계 여행 코스를 하나둘 검색하다가 '투르 뒤 몽블랑(Tour du Mont Blanc)'이라는 트레킹 코스를 알게 되었다. 알프스 최고봉인 몽블랑(해발 4,807m)을 중심으로, 프랑스 · 이탈리아 · 스위스 3개국의 경계를 따라 걷는 둘레길이다. 현지에서는 줄여서 TMB라고 부른다.

　그랑드 조라스와 3,000m가 넘는 알프스의 산군이 펼쳐지는 이 코스는 총 거리 170km에 이르며, 열흘가량의 일정으로 알프스의 핵심을 두 발로 직접 밟으며 감상할 수 있는 여정이다.

알프스의 최고봉, 하얀 산

알프스 최고봉인 몽블랑은 이름 그대로 '하얀(Blanc) 산(Mont)'이라는 뜻을 가진다. '투르 뒤 몽블랑(TMB)'은 과학자이자 등산가였던 베네딕트 드 소쉬르와 자크 발머가 몽블랑 등반을 위해 개척한 길을 바탕으로 형성된, 200년이 넘는 역사를 지닌 정통 알프스 트레킹 코스다. 넓은 초원 지대부터 만년설이 있는 첨봉까지 카메라에 담기 어려운 웅장하고 압도적인 풍경을 걸으며 보고 즐길 수 있다. 보통 프랑스는 알프스의 웅장한 모습, 이탈리아는 뾰족한 산봉우리들, 스위스는 목가적인 풍경을 보여 준다.

트레킹 기점은 프랑스 샤모니다. 이곳은 알프스의 중심 도시이자 몽블랑 등반의 베이스 캠프이다. 트레킹 시작 지점은 레우슈이며 샤모니에서 버스로 20분 거리다. TMB를 한 바퀴 돌아 레우슈로 돌아오는 데 보통 10일 정도 걸리며, 발이 빠른 사람은 8일, 느긋하게 걸으면 12일, 버스 · 산악기차 · 케이블카를 이용하고 일부 구간을 생략하면 일주일 만에 완주할 수도 있다.

7~8월 여름 휴가철에는 예약해야 하고 대부분 산장은 숙박과 석 · 조식을 제공하며 미리 주문하면 도시락을 준비해 줘 배낭 무게를 줄일 수 있다. 교통이 불편한 일부 산장을 제외하면 대부분 산간마을이 가까이 있어 중간중간 식료품을 구하기도 좋다.

트레킹은 시계 방향과 반시계 방향 모두 가능하며, 일반적으로는 시계 반대 방향으로 진행한다. TMB는 해발고도 최저 960m에서 최고 2,600m 사이를 매일 오르내리며, 반복되는 고도차를 합치면 1만m가 넘는다. 10일 일정으로 하루 평균 17km 정도, 8시간을 걷는 것이 일반적이다. 우리는 여유롭게 걷기 위해 샤모니 근처 산장을 하나 더 추가로 예약해 총 10박 일정을 잡았다. 이정표가 잘 되어 있고 사람들이 많아서 길 찾기는 어렵지 않았다. 6~9월까지 트레킹 적기이며 7월 초까지는 잔설이 남아 있다.

기대와 설렘으로 향한 첫걸음

투르 뒤 몽블랑은 세계 일주 여행을 계획하면서 가장 많이 기대하며 준비했던 트레킹 코스다. 작년 10월에 여기저기 검색해 보다가 이 트레킹 코스를 알게 되었고, 곧바로 10박 11일 동안 머물 산장을 예약했다. 7월 초까지는 눈이 남아 있다고 하여 본래는 7월 중순쯤 가려고 했지만, 그 시기의 산장이 이미 예약 마감되어 부득이하게 일정을 앞당겨 6월 13일로 조정했다. 조지아를 제외하고, 이 투르 뒤 몽블랑이 세계 일주 여정 중 유일하게 사전에 예약한 코스였다.

6월 12일, 류블랴나에서 비행기를 타고 취리히를 경유해 제네바로 향한 뒤, 다시 버스를 타고 샤모니에 도착했다. 원래 버스를 타고 이동하려 했으나 경유지가 많고 시간이 오래 걸릴 것 같아 체력을 아끼기 위해 비행기를 선택했다. 숙소에서 아침 6시 30분에 나와 7시 10분 공항행 버스를 타고, 10시 40분 비행기로 취리

히에 도착한 후 다시 제네바행 비행기를 탔다. 원래 1시 출발 예정이었지만 30분가량 지연되어 제네바에는 2시 40분쯤 도착했다. 4시 30분 제네바 출발 버스를 타고 샤모니에 도착하니 저녁 6시. 비행기를 탔음에도 하루 종일 이동한 셈이었다.

제네바 공항에서는 76세의 일본 할머니를 만났다. 혼자 외국 여행을 하고 있다고 했다. 그 나이에 혼자 외국 여행이라니, 정말 대단하다. 우리도 체력을 잘 관리하여 저렇게 하자고 다짐해 보았다. 여행하면서 나이는 숫자에 불과하다는 것을 느낀다.

레우슈에서 트릭까지, TMB 1일차

6월 13일 목요일, 투르 뒤 몽블랑 첫날. 이날의 여정은 레우슈(1,007m)에서 오베르주 드 트릭(1,720m) 산장까지다. 샤모니 숙소에서 아침을 먹고 천천히 준비한 뒤, 큰 배낭 하나는 숙소에 맡기고 가벼운 배낭 하나만 메고 출발했다. 레우슈까지 가는 버스를 1.5유로에 타고, 설렘 가득한 마음으로 여정을 시작했다.

트릭 산장까지만 가면 되니 시간이 많을 것 같아 케이블카를 타지 않고 걸어서 갔다. 오르막길을 2시간 정도 올라 벨뷔 언덕에 도착했다. 케이블카 하차장까지 이어진 길은 조용하고 한적했다. 오르막길 내내 자전거를 타고 내려오는 사람 두 명만 스쳤을 뿐, 등산객은 만나지 않았다. 대부분은 곤돌라를 타고 벨뷔에서 트레킹을 시작하기 때문인 듯하다.

걷는 내내, '이곳이 바로 알프스구나' 라는 감탄이 절로 나왔다. 사방으로 펼쳐지는 알프스의 장대한 봉우리들은 그 자체로 장관이었다. 끊임없는 오르막길은 다소 힘들었지만, 그만큼 더 알프스를 느낄 수 있어 좋았다. 이후 가파른 내리막길을 따라 내려가면 평지 길이 이어지고, 히말리안 브릿지를 지나 트리앙 고개까지는 완만한 오르막길이 계속된다. 걷기에 아주 좋은 구간이다.

고개를 넘어 급경사 내리막을 지그재그로 내려가면 미야지 산장이 나온다. 넓은 목장과 시냇물이 흐르는 초원, 그 너머로 하얀 산봉우리들이 둘러싼 풍경은 마치 하이디가 나올 것 같은 알프스였다. 산장에서 야채 수프와 오믈렛, 커피를 마시며 푹 쉬었다. 많이 걸은 탓인지 점심은 정말 꿀맛이었다. 이런 경치를 보고 먹으면 뭐든 맛있지 않을까?

점심 후, 다시 1시간쯤 오르막을 오르면 오늘의 숙소인 트릭 산장이 모습을 드러낸다. 산장 근처의 트릭 정상에 올라서니 전망이 정말 끝내줬다. 넓은 목장과 평화롭게 풀을 뜯는 소들, 마리아상이 있는 작은 연못가에는 온갖 야생화들이 흐드러지게 피어 있어, 그냥 앉아 있는 것만으로도 힐링이 되었다.

트릭 산장은 목장을 개조해 만든 28인 도미토리로, 처음엔 조금 걱정이 됐지만 하루 종일 트레킹을 한 덕분인지 모두 조용히 잘 잤다. 저녁은 7시에 시작됐다. 사진도 찍고 경치도 구경하며 여유롭게 시간을 보내다가 식당에 들어섰다. 야채 수프, 오믈렛,

파스타, 빵과 치즈, 푸딩까지. 다양한 나라에서 온 여행자들과 함께 식사를 하며 이야기꽃을 피웠다. 이럴 땐 영어의 필요성을 절실히 느낀다. 식사 후에는 노을을 보고 산책을 하다 조용히 잠자리에 들었다.

비 내리는 길 위에서 만난 프레 산장, TMB 2일 차

6월 14일 금요일은 오베르주 드 트뤽(1,720m)에서 레퓨지 데 프레 산장까지 가는 날이었다. 아침에 일어나 보니, 창밖으로 가늘게 비가 내리고 있었다. 비가 더 거세지기 전에 서둘러 출발하기로 하고, 빵과 커피로 간단히 아침을 먹은 후 오전 7시 10분에 산장을 나섰다.

레꽁따민 마을까지는 내리막길이었다. 마을을 지나면서 빗방울이 굵어져 노트르담 성당에서 비가 그치기를 기다렸다. 그러나 더 많이 내려서 빗속을 걸어갔다. 성당까지는 걷기 좋은 숲길이었다면 성딩부터는 본격적으로 오르막이 시작되었다. 협곡, 로만 다리 등 구경거리가 많았으나 비 때문에 사진만 찍고 발걸음을 재촉했다.

낭보랑 산장을 지나, 발므 산장 갈림길을 지나고 나서부터는 본격적으로 오르막길이었다. 한참을 오르니 건물이 보여 산장인가 했더니, 잘 꾸며진 별장 같은 집이었다. 굴뚝에서 연기가 피어오르고 있어 들어가서 쉬고 싶었다.

완만한 초원길을 30분 정도 걸어가니 숙소 프레스 산장이 나왔다. 산장은 모두 예쁜 꽃들로 꾸며져 있었다. 비가 와서 그런지 12시 전인데도 체크인을 해 주었다. 씻고 나서 점심으로는 오믈렛과 빵, 햄, 야채, 치즈가 들어간 오븐구이를 먹었다.

오후에는 별다른 일정 없이 산장에서 푹 쉬었다. 비 내리는 알프스 산장에서 이렇게 달콤한 휴식이라니. 전날 트뤼앵 산장에서 함께 묵었던 독일인 여행자가 도착하여 이야기하면서 시간을 보냈다.

비, 눈, 햇살을 지나 노바 산장으로, TMB 3일 차

6월 15일 토요일은 레퓨지 데 프레 산장에서 노바 산장(2,195m)

까지 가는 날이었다. 낮 12시에 비가 그친다 하여 산장에서 늦은 아침을 먹고 비가 그치기를 기다렸다. 시리얼, 빵, 커피 등이 준비되어 있었다. 일정이 바쁜 사람은 빗속에서도 떠나고 여유가 있는 사람들은 우리처럼 비 그치기를 기다렸다. 70세가 넘어 보이는 분들이 아홉 명의 친구들과 함께 모떼 산장까지 간다고 하면서도 느긋하게 시간을 보내고 있었다. 그 연세에도 친구들과 같이 산에 오는 것이 좋아 보였다.

 10시가 넘어가도 비는 계속 왔다. 직원들이 오후 손님을 위해 산장 청소를 하고 있기에 더 머물기에 눈치가 보였다. 그래서 결국 비가 그치기를 기도하면서 길을 나섰다. 빗속에서 구름에 가려진 알프스를 보려니 아쉬웠다. 눈이 있어 조금 긴장했으나 녹는 눈이라 조심해서 걸으니 걸을 만했다.

발므 고개까지 이어지는 가파른 오르막길을 빗속에서 걸었다. 눈과 빗물이 섞인 길은 마치 작은 계곡처럼 물이 흐르고 있었고, 바람이 어찌나 부는지 비옷 모자가 자꾸 벗겨졌다. 몸에는 땀이 나는데 손은 시린, 6월 산행으로는 좀처럼 겪기 어려운 경험이었다. 그렇게 한참을 오르다 어느 순간, 저 멀리 파란 하늘이 보이기 시작했다. 비가 멈추고 햇살이 내리자, 그 반가움이 온몸으로 전해졌다. 늘 곁에 있어 미처 몰랐던 햇살의 소중함이 절절하게 느껴지는 순간이었다.

발므 고개를 넘자, 낭떠러지와 눈길이 이어졌다. 가느다란 눈길을 따라가며 마주 오는 사람들과 인사를 나누며 조심스레 교행했다. 어렵고 긴 길이었지만, 그 속에서도 서로를 향한 다정함이 묻어났다.

드디어 본 옴므 고개에 도착했고, 이후부터는 가파른 내리막이 시작되었다. 눈 위를 조심조심 걸으며 본 옴므 산장에 도착, 피자 한 조각과 커피를 마시며 추위를 녹였다. 산장 안에는 빗속에서 피신한 사람들이 가득했고, 우리도 난롯가에 앉아 몸을 녹였다. 늦게 출발한 덕분인지 우리는 많이 젖지 않아 그나마 말끔한 편이었다.

난롯가에서 사람 구경하다 보니 안개가 걷혀 길을 나섰다. 이제는 눈 속 내리막이 계속되었다. 경사가 심한 곳에서는 미끄럼도 타면서 언제 이런 경험을 할 수 있을까 하면서 즐겁게 눈 속 산행을 했다. 한참을 눈 길을 내려오니 초원 내리막이 지그재그로 계속되었다. 1,000m정도를 내려오니 경사가 너무 가팔랐다. 비온 뒤라 진흙 범벅이 되어 미끄럽기까지 하니 여간 조심스러운 것이 아니었다.

하지만 그 모든 걸 덮어 줄 만큼 풍경은 환상적이었다. 구름 사이로 드러난 알프스는 진정한 품격을 보여 주었고, 계곡마다 떨어지는 폭포, 푸른 초원 위로 흰 눈을 이고 선 바위, 그 위를 유유히 거니는 소와 양들, 그리고 야생화까지. 그림 같은 풍경 속을 지나레 샤피유 마을에 도착하니 오후 3시 10분.

이날 산행은 5시간이었지만, 중간에 본 옴므 산장에서 1시간을 쉬었으니 실제로는 4시간을 걸은 셈이다. 짧지 않은 거리, 빗속과 눈길, 가파른 내리막까지. 잊을 수 없는 소중한 추억의 한 페이지를 기록하는 하루였다. 따뜻한 물로 샤워하고 마을을 산책한 뒤, 7시에 저녁 식사가 나왔다. 야채 수프, 고기 요리, 감자, 그리고 푸딩. 작은 마을을 둘러본 후 10인실 도미토리에서 일찍 잠자리에 들었다.

세뉴 고개, 국경을 넘는 발걸음, TMB 4일 차

6월 16일 일요일은 노바 산장에서 꽁발 산장까지 가는 날이었다. 6시 30분에 아침을 먹고 준비하여 나는 버스를 타러 가고, 남편은 모떼 산장을 향해 계곡 따라 걸어갔다. 7시 30분 버스를 기다렸지만 오지 않았고, 결국 8시 30분 버스를 타고 모떼 마을에 도착해 모떼 산장으로 향했다. 도착해 보니 남편이 먼저 와 있었다. 서로 마음이 통했나 보다. 반갑게 만나서 세뉴 고개를 향해 갔다.

하얀 눈이 덮인 산봉우리에 둘러싸인 모떼 산장은 위치도 좋고 많은 돌로 만든 건물로 되어 있어 좋아 보였다. 모떼 산장까지가 계곡을 따라 올라오는 완만한 경사길이었다면 그 이후부터는 경사가 가파른 지그재그 길이었다. 병풍처럼 둘러싼 설산과 그 사이로 피어나는 야생화들은 발걸음을 한결 가볍게 했다.

약 30분쯤 올랐을까, 눈길이 시작되었다. 전날과 마찬가지로 녹고 있는 눈이라 크게 미끄럽진 않았지만, 눈 녹은 물이 흐르는 길을 조심조심 걸었다. 프랑스와 이탈리아의 국경인 세뉴 고개까지는 거의 전 구간이 눈길이었다. 오르막에다 눈길까지 더해져서 다들 힘겹게 걸어 올라왔다. 숨이 머리끝까지 차오를 무렵, 드디어 세뉴 고개에 도착했다.

국경을 알리는 경계석과 TMB 표시, 등산 깃발, 돌탑이 전부였지만, 그곳은 분명 국경이었다. 발 아래 프랑스, 발끝엔 이탈리아. 알프스 산 위에서 국경을 넘는 특별한 경험이었다.

　세뉴 고개는 하얀 눈 세상이었다. 국경에서 쉬려고 쉬지 않고 걸어 왔으나, 바람이 많이 불어 추웠다. 그대로 내려가려니 아쉬웠으나 추워서 발걸음을 옮겨야 했다.

　내려오는 길은 눈길이라 미끄럽지만, 눈 속에서 새싹은 트고 있고 야생화도 피고 야생동물 마멋도 뛰어다녔다. 파란 하늘과 흰 구름 둥실 떠가는 모습과 어우러진 알프스는 말이 필요 없는 장관이었다. 눈길 내리막을 지나 평지로 접어들자 엘리자베타 산장이 나타났다. 약간 올라가는 위치에 있어 다소 힘들었지만, 전망이 정말 끝내줬다. 돌로 지어진 이 산장에서 파스타와 커피로 점심을 먹었다. 이탈리아라 그런지 유난히 맛있게 느껴졌다. 멋진 경치 덕분이었을까? 푹 쉬면서 더 머물고 싶었지만, 여기도 바람이 세차게 불어 결국 아쉬운 발걸음을 옮겨야 했다.

　이후에도 눈길을 따라 내려오다가, 평지길을 지나고, 호수인지 강물인지 습지인지 모를 길을 1시간쯤 걸었다. 그렇게 도착한 꽁발 산장. 꼼발 호수는 눈녹은 물이 많아 마치 냇가처럼 보였다. 일요일이라 그런지 점심 손님이 많아 4시 넘어서야 체크인할 수 있어 10분 거리에 있는 미아쥬 빙하 호수를 구경했다.

밖에서 보기엔 소박한 산장이었지만, 4인 도미토리 방은 화장실과 샤워실이 딸려 있고, 전부 1층 침대에 조용하고 아늑했다. 지금까지 묵었던 산장 중 최고였다. 비싼 데는 다 이유가 있었다.

저녁 7시 30분이 넘어 파스타, 감자, 소시지, 야채 볶음, 푸딩으로 저녁을 먹고 잠자리에 들었다. 천장에 있는 유리창으로 달빛이 들어오는 기분 좋은 밤이었다.

험난하지만 경치가 아름다운 베르토네 산장에서, TMB 5일 차

6월 17일 월요일은 꼼발 산장에서 베르토네 산장(1,988m)까지 가는 날이었다. 화창한 날씨였다. 아침 7시에 식사를 하고 짐을 챙긴 뒤, 나는 버스를 타고 비교적 편한 길로 쿠르마예르까지 이동하고, 남편은 정식 TMB 코스를 따라 걷기로 했다.

남편이 가는 TMB 코스는 꼼발 호수를 지나며 가파른 오르막이 이어지는 길이었다. 힘든 만큼 미아쥬 빙하 전경이 장관이다. 멋진 눈 덮인 알프스의 모습을 보면서 열심히 오르다 보면 메종 비에유 산장에 닿는다. 산장부터는 스키장 길을 따라 내려가면 돌로네 마을을 지나 쿠르마예르에서 다시 만나 점심을 먹을 예정이었다.

나는 산장에서 버스 타는 곳까지 계곡을 따라 포장된 내리막길을 내려갔다. 우리나라의 여느 산줄기 계곡 길과 비슷하나 고개를 들면 하얀 눈산이 보인다는 것이 달랐다. 한참을 걸어 8시 40분 버스를 기다렸지만 오지 않았고, 다음 버스까지는 1시간. 결국 TMB 안내 표지를 따라 걷기 시작했다. 처음에는 흙길 평지라 즐거운 마음으로 걸었으나 간혹 오르막도 나오고 끝에는 포장도로라서 힘들었다. 버스정류장에 도착하니 9시 30분. 종점에서 40분 출발인데 53분 도착이라 기다리니 55분이 되어 버스가 왔다. 프랑스와 달리 이탈리아는 버스비가 무료였다.

15분쯤 달려 쿠르마예르 버스 정류장에 도착했다. 남편과 다시 만나기 전까지 나는 인포메이션 센터에서 지도도 얻고 무료 와이파이로 인터넷을 하며 시간을 보냈다. 정오가 가까워져서 남편이 도착했다. 반갑게 재회한 우리는 버스 정류장 위쪽에 있는 피자집에서 피자와 파스타로 점심을 먹었다. 여행 중 먹은 피자 중 가장 맛있게 느껴졌는데, 오늘 먹은 이탈리아 피자가 나의 환갑 생일상이 되었다. 투르 뒤 몽블랑에서 환갑을 맞이한 날. 벌써 환갑이라니, 세월의 흐름이 새삼 실감났다. 앞으로의 시간은 더 여유롭고 알차게 보내야겠다고 다짐했다.

레스토랑에서 오래 쉬었다 가려고 했으나 와이파이가 되지 않고 콜라도 더 먹고 싶어 나왔다. 슈퍼에서 1.5리터 콜라와 납작복숭아를 사서 성당 앞 전망대에 앉아 먹으면서 쉬었다. 눈 덮인 산에 둘러싸인 쿠르마예르 마을도 좋아 보였다. 같은 벤치에 앉아

있는 청년에게 납작복숭아 하나를 주었더니 무척 고마워했다. 그는 캠핑하면서 TMB를 했는데 너무 힘들어 포기하고 간다고 했다. 한참을 쉬고 베르토네 산장을 향해 산행했다.

베르토네 산장은 해발 1,988m. 한라산보다 높은 곳까지 4.2km를 오르는 가파른 길이었다. 완만한 아스팔트 오르막을 올라 산 밑에서부터는 살인적인 경사가 시작되었다. 그래도 젊은이들은 잘도 오른다. 한걸음 옮기고 한걸음 쉬고 하면서 천천히 오른다.

2시간 정도 걸어 드디어 마침내 우리가 묵을 숙소인 베르토네 산장에 도착했다. 베르토네 산장은 높은 곳에 있어 TMB에서 경치가 화려한 산장 중 하나이다. 피곤함마저 잊게 하는 아름다운 조망이었다. 산장 주변에 흐드러지게 피어 있는 꽃과 전망, 빙하 등을 배경으로 사진 찍으면서 시간을 보내다가, 4시에 체크인했다.

첫날 샤모니에서 만난 한국인 3명을 다시 만나 지금까지의 투르 뒤 몽블랑 트레킹 이야기를 나누었다. 힘들었으나 우리나라에서는 경험할 수 없는 좋은 산행이었다고 결론을 내렸다. 산장은 12명이 자는 2층 침대가 6개 있는 도미토리였다.

7시에 저녁을 먹고 잠자리에 들었다. 저녁 메뉴 중에서는 좁쌀 위에 치즈를 얹은 음식이 찰진 떡 질감이 있어 맛있었다. 난 역시 떡을 좋아하는 한국인. 우리나라에 있을 때는 아무 생각 없이 먹었던 우리 음식들이 외국에 나오니 질감만 비슷해도 너무 맛있다.

가장 험난했던 하루 지트 라 레셰르까지, TMB 6일 차

6월 18일, 화요일. 베르토네 산장(1,988m)에서 지트 라 레셰르 (Gîte La Léchère)까지 가는 날. 정규 TMB 코스는 가장 트레킹이 쉬운 구간으로 고도차가 적은 완만한 길이 이어진다. 그러나 우리는 전망이 가장 좋다는 몽드라 삭스 능선으로 가고 싶었다. 짙은 안개가 끼었지만, 아침 안개는 맑을 징조라니 아침을 먹고 가벼운 발걸음으로 산행을 시작했다.

11일 일정 중 가장 빡센 날이었다. TMB 최고의 절경이라는 몽드라 삭스 능선으로 올라가기로 했다. 이때까지만 해도 눈 때문에 아무도 가지 않는다는 사실을 몰랐다. 게다가 이후 우리에게 어떤 시련이 닥쳐 올지도 몰랐다.

일정표에 나와 있는 시간보다 빠르게 가고 있었고, 안개도 점차 걷혀서 여유를 가지고 움직였다. 하얀 산봉우리, 하얀 꽃, 하얀 눈이 녹아 만든 연못 등 절경에 취해 시간을 보냈다. 가히 최고의 코스였다. 이리 저리 사진을 찍으면서 경치 감상하느라 즐거웠다. '이래서 다들 알프스 알프스 하는구나!' 하면서 진짜를 이길 유사품은 없다는 진리를 다시 한번 깨달았다.

절경이 더 잘 보이는 능선 길을 따라 걷다 보니 어느덧 사핀 고개. '제대로 찾아왔네' 하면서 길을 찾으니 사방이 눈 천지라 길이 보이지 않았다. 돌아가기엔 너무 멀리 와 있었고, 눈길을 헤치고 내려가면 길이 보일 것이라 생각하며 움직였지만, 오히려 험한 눈

밭과 뾰족한 바위 능선만이 이어졌다. 그 가운데 자전거 출입금지 표지판이 하나 보여 마음이 놓였다. '자전거 금지라면 이건 길이다' 싶었다.

거기에서 보니 능선을 넘는 길이 보여 또 눈길을 헤쳐 열심히 올랐더니 어느새 길은 없어지고 또 눈밭 같은 평원이 나타났다. 구글 지도를 아무리 봐도 길이 보이지 않았다. 주변 지형을 전혀 알 수 없으니, 점차 불안감이 엄습해 왔다. 이러다가 알프스에서 미아가 되어 실종되지는 않을까 걱정이 앞서 허벅지까지 푹푹 빠지는 눈길을 온몸이 땀 범벅이 되는 줄도 모르고 걷고 또 걸어 무작정 어떤 고개에 올랐다.

고개 정상에 가니 이정표는 있으나 여전히 사방 천지는 눈 세상이다. 처음 오른 사핀 고개와 같은 상황인데 우리는 지쳤고 가야 할 길은 더 보이지 않았다. 눈앞이 캄캄했다. 사방은 눈으로 덮여 하얬고, 우리는 망연자실했다. 계곡을 향해 내려가면 정규코스 길이 나올 것이라는 믿음으로 무작정 한참을 내려갔다. 먼 곳에 지붕이 하나 보여 기준 삼아 걷고 또 걸었다. '아 산장인가 보다' 생각하고 거의 미끄러지듯이 열심히 내려갔다. 길도 없는 눈길을 걷다 보니 신발부터 머리까지 다 젖는 줄도 모르고 정신없이 내려갔다.

한참을 내려가 도착한 곳은 텅 빈 목장이었다. 아직 눈이 녹지 않아 사용하지 않는 곳이었다. 그래도 반가워 배낭에 있는 먹을 것을 좀 먹고 신발과 옷도 말리면서 우리가 가지고 있는 모든 정보를 동원하여 길을 찾았다. 다행이 아래에 보니 산장이 보였다. 시간은 벌써 12시 30분. 우리는 이탈리아와 스위스 국경인 페레 고개를 넘어 라 레셰르 산장까지 가야 하는데, 시간이 너무 지체돼 버렸다. 체력이 소진되고 지팡이도 하나 부러진 상태였다. 오늘 예약한 산장에 도착할 수 있을까 하는 걱정이 되었다. 하지만 이제는 빨리 가는 방법밖에 없었다.

쉬지 않고 걸었는데도 발페레 산장이 나오지 않았다. 50분 걸린다던 길은 도로 기준이었고, 우리는 산길을 따라 걸었으니 더 오래 걸렸다. 드디어 2시가 되어 산장에 도착했고, 점심으로 스파게티와 라비올리를 정신없이 먹었다. 지친 탓인지, 음식이 입으로 들어가는지 코로 들어가는지도 몰랐다.

 2시 20분에 다시 출발했다. 점심을 먹어서 그런지 다리가 천근만근이었다. 저녁 시간인 7시 전에는 산장에 도착해야 한다는 생각에 몇 팀을 추월하면서 힘들게 페레 고개를 넘었다. 이탈리아와 스위스의 국경인 페레 고개에서 사진만 급하게 찍고 부랴부랴 내려갔다. 다행히 길은 내리막 눈길이어서 속도를 더 낼 수 있었다. 거의 달리다시피 하여 앞서가는 모든 사람을 추월하면서 눈길을 달려 내려왔다.

 아찔한 길도 있었으나 조심하면서 내려오다 보니 라폴리 산장이 나왔다. 그곳에 자는 사람들이 어찌나 부럽던지. 아쉬움을 달래면서 지그재그 내리막을 한참 내려와서야 페레 마을에 도착했다. 아스팔트길을 걸어 라 레셰르 산장으로 가는 갈림길에서부터는 흙길을 걸었다. 그리고 산장에 도착한 시간은 6시 20분. 장장 11시간, 5만 보 넘게 걸었다. TMB 코스 10일 중 가장 힘든 하루였다.

우중 산장에서의 휴식, TMB 7일 차

 6월 19일, 수요일. 라 레셰르 산장에서 아르페트 릴레이(Relay d'Arpette)까지 가는 날이다. 아침에는 화창한 날씨였으나 아르페트 산장에 도착하니 비가 왔다. 전날 강행군 때문인지 늦게까지 푹 자고 천천히 아침을 먹은 후, 8시 48분 출발 버스를 타러 갔으나 만석이라 탈 수 없었다. 결국 10시 10분 버스를 타고 이쎄(La Fouly)까지 간 뒤, 샹페스(Champex)까지는 걸어 올라가야 했다.

남편은 정식 TMB 코스를 따라 먼저 걸어갔고, 나는 버스를 기다리며 한국 여행자분과 이야기하다 보니 한 시간이 금세 흘렀다. '이렇게 오르막이 계속될 줄 알았으면 그냥 버스를 끝까지 타는 건데' 하는 후회가 들었지만, 10분 걷고 10분 쉬는 느긋한 페이스로 샹페스 호수에 도착했다. 손을 씻고 있는데, 남편이 도착해 내 이름을 불렀다. 마침 라폴리에서 함께 버스를 탔던 아저씨도 옆에 계셨다.

셋이 함께 점심을 먹었다. 쇠고기 육회, 송어구이, 그리고 시원한 맥주 한 잔. 제대로 쉬었다. 아저씨는 우리가 내일 가게 될 트리앙까지 가야 했기에 먼저 길을 떠났고, 우리는 샹페스 호수 주변을 천천히 둘러보며 여유로운 시간을 보냈다.

호수를 따라 걷다 보니 어느덧 아르페트 산장으로 향하는 길. 콸콸 흐르는 계곡물 소리와 초록의 숲길을 따라 걸으니 절로 힐링이 되었다. 가다가 적당한 곳에서 발도 담그고, 시간의 여유 속에서 천천히 자연을 즐겼다. 그렇게 걷다 보니 어느새 산장에 도착했다. 캠핑장이 함께 있어 텐트를 치고 머무는 사람들도 많았다.

체크인은 오후 4시부터 가능했기에, 주변에서 시간을 보내며 알프스의 정취를 마음껏 누렸다. 마침 체크인을 하려는 참에 빗방울이 떨어지기 시작했다. 산 속이라 그런지 비가 자주 오지만, 그 또한 분위기와 잘 어울렸다.

우중 산장에서 맞는 오후. 초원 너머 하얀 봉우리들, 계곡물 소리, 그리고 아무 걱정 없는 휴식. 이보다 더한 힐링이 있을까 싶었다.

빗속을 걸어 포르클라즈 호텔까지, TMB 8일 차

6월 20일, 목요일. 아르페트 릴레이에서 호텔 포르클라즈(Forclaz)까지 가는 일정이다. 하루 종일 비 예보가 있었다. 아침엔 비가 덜 와서 서둘러 산장을 나섰다.

비 내리는 알프스 마을. 예쁜 집들과 꽃을 구경하며 내려가고 있었는데, 뭔가 이상했다. 길을 잘못 들은 것이었다. 여섯째 날까지의 피로가 아직 가시지 않은 상태에서, 다시 그 오르막을 올라가야 한다는 사실에 눈물이 났다.

다행히 지나가는 마음씨 좋은 현지인의 차를 얻어타고 TMB 입구까지 데려다 주었지만, 이미 체력과 정신이 많이 소진된 뒤였다. 남들에겐 평이한 길이라지만, 내겐 내내 이어지는 오르막과 비, 젖은 옷, 진흙탕 길이 너무도 힘들게 느껴졌다.

거의 쓰러지기 직전, 1시 30분쯤 드디어 보빈느 산장에 도착했다. 하지만 식당엔 음식이 다 떨어지고, 사과파이 두 개와 케이크, 커피와 콜라만 있었다. 피곤해서 먹기도 힘들었지만, 남은 길을

생각하며 억지로라도 먹었다.

산장은 좁고 사람은 많았다. 쉴 자리도 마땅치 않았고 비는 계속 쏟아졌으며, 길은 여전히 멀었다. 결국 다시 빗속을 걸어야 했다. 진흙탕으로 변한 산길을 조심조심 내려왔다. 몸도 마음도 지칠 대로 지쳐 있었다.

그렇게 비를 맞으며 한참을 내려오자, 드디어 오늘의 목적지인 포르클라즈 호텔이 나타났다. 안도의 한숨을 내쉬며 들어섰다. 12인실 도미토리였지만, 다행히 오늘은 5명만 잤다.

지친 몸을 이끌고 지트 메르무드까지, TMB 9일 차

6월 21일, 금요일. 호텔 포르클라즈에서 지트 메르무드(Gite Mermoud)까지 가는 일정이다. 아침엔 비, 낮엔 흐림, 그리고 오후엔 또 비. 이런 예보에 우리는 출발을 늦췄다. 버스를 타고 갈까? 많은 고민을 하다가 날씨도 좋아지고 몸도 조금 회복되는 것 같아 걸어 보기로 했다. 기념품 가게에 들러 TMB 티셔츠도 하나씩 사서 입고 열심히 걸어 보자 다짐하며 걸었다.

트리앙 마을까지는 내리막이라 편했지만, 전날까지 내린 비로 길이 많이 미끄러웠다. 라 쁘띠 마을까지는 마을길이 이어졌고, 그 이후부터는 본격적인 지그재그 오르막이 시작됐다. 어찌나 피곤하던지. 아직 회복되지 않는 체력이었다. 발이 떨어지지 않을 정도로 무거웠다. 모든 사람에게 추월당하며 천천히 올라갔다. 버스를 타고 갈 걸 하고 후회를 많이 했다.

발므 산장이 보이기 시작하면서 비까지 내리기 시작했다. 무거운 발걸음이 더 무거워졌다. 산장이 있는 고개에 오르기 시작하면서 폭우가 쏟아진다. 산장에 도착하여 쓰러질 정도가 되어 음식이 넘어갈 것 같지 않아 허브 차와 커피만 시키고 쉬었다. 설탕을 듬뿍 넣은 따뜻한 차를 마시고 쉬니 몸이 좀 나아졌다. 그래도 몰라서 감기약과 진통제를 한 알 먹고 출발했다.

산장에만 오면 곤돌라를 타고 내려갈 수 있을 줄 알았는데, 비가 와서 운행을 안 한다고 한다. 아 이 절망감. 3시간을 걸어 내려가야 하다니. 그래도 다른 대안이 없으니 걸어가야 한다. 산장 주인이 우리를 걱정하면서 빨리 내려가라고 재촉했다. 비도 오는데 날이 어두워지면 힘들다면서 조심해서 내려가라고 우리를 배웅

했다. 그래도 길이 내리막이어서 내려올 수 있었다. 가파른 경사 길을 열심히 빗속을 내려오다 보니 어느새 우리가 예약한 메르무드 산장이 나왔다.

알프스 산장에서의 낮잠, TMB 10일 차

10일 차인 6월 22일 토요일. 원래는 지트 메르무드에서 샤라미용(Charamillon)까지 가는 일정이었지만, 지금까지의 산행으로 피로가 누적되어 몸 상태가 좋지 않았다. 결국 이날을 마지막으로 트레킹은 마무리하고, 샤모니 주변을 여유롭게 둘러보기로 했다.

숙소 근저의 발로신(Vallorcine)역에서 기차를 타고 샤모니에 가서 주말 시장을 둘러보았다. 과일들이 반가웠으나 무게 때문에 살구만 조금 사고 시장 이곳저곳을 구경했다. 딱히 눈이 가는 곳은 없는 평범한 시장이었다.

시장 구경을 하고 중국 식당에 가서 마파두부와 닭국수를 먹었다. 다소 느끼하지만, 빵이 아닌 물기 있는 반찬과 국물 있는 밥을 먹으니 살 것 같았다. 마파람에 게 눈 감추듯 정신없이 먹었다. 짐을 맡겨 놓은 호텔에 들러 감기약과 진통제를 먹고 다시 버스를 타고 르 뚜르(Le Tour)에 가는데 비가 쏟아졌다.

버스에서 내려 곤돌라를 타고 샤라미용 산장에 왔다. 비를 맞으면서도 내려가는 사람들이 많았다. 비가 와서 그런지 2시가 되지 않은 시간인데 바로 체크인을 해 줬다. 뜨거운 물로 샤워하고 푹 쉬었다. 비 오는 날 2,000m 높이의 알프스 산장에서의 낮잠이라니 정말 행복했다.

다시 그 출발점에서, TMB 11일 차

11일 차인 6월 23일 일요일. 샤라미용 산장에서 투르 뒤 몽블랑(Tour du Mont Blanc)의 출발점이자 도착점인 레우슈(Le Tour)까지 가는 일정이었다. 하지만 아직 체력이 회복되지 않아 걷는 대신 곤돌라를 타고 내려와 기차를 이용해 레우슈로 향했다.

체력이 회복되지 않아 걸어서 오지는 못했지만 출발한 곳에 다시 와서 천천히 둘러보니 감회가 새로웠다. 체력 안배를 잘하지 못한 아쉬움도 있었지만, 그보다 더 큰 것은 '내가 이 아름다운 알프스를 11일 동안이나 걸었구나'라는 뿌듯함이었다.

이탈리아

6.23~7.13

알프스의 또 다른 얼굴, 돌로미티

투르 뒤 몽블랑에 가기 위해 정보를 검색하던 중, '돌로미티'라는 이름을 처음 접했다. 어떤 이들은 돌로미티가 투르 뒤 몽블랑보다 더 아름답다고 했다. 그 말에 이끌려, 이번 여행에 돌로미티도 추가하기로 했다. 게다가 2026년 동계올림픽이 열릴 도시인 코르티나 담페초 역시 돌로미티에 있다는 사실도 흥미로웠다.

우리는 돌로미티의 거점 도시인 볼차노를 중심으로, 오르티세이, 카레짜 호수, 도비아코, 트레 치메, 코르티나 담페초 등 여러 명소를 둘러보기로 했다. 알타 비아 코스를 걷고 싶었지만 산장 예약이 어려워 아쉽게도 포기하고, 대신 돌로미티의 주요 지역을 여유 있게 즐기기로 했다.

샤모니에서 버스를 타고 베로나까지 이동한 뒤, 다시 기차를 타고 볼차노에 도착했다. 볼차노는 푸른 언덕과 초원이 펼쳐진, 그림처럼 아름다운 마을이었다. 늘 병풍처럼 둘러싼 알프스산맥, 언덕마다 이어진 포도밭, 그리고 그 사이로 보이는 집들이 풍경 속에 조화를 이루고 있었다.

묵게 된 호텔에서는 바우처를 제공했는데, 이를 통해 버스와 기차는 물론 케이블카와 박물관 등도 무료로 이용할 수 있었다. 덕분에 볼차노 구석구석을 편리하게 둘러볼 수 있었다.

볼수록 매력적인 도시, 볼차노. 이탈리아 최북단에 위치한 이곳은 겉으로 보기엔 알프스산맥의 한 자락 같지만, 도시 곳곳에서는 사람들의 여유로운 삶의 풍경이 묻어났다. 작은 광장은 여느 유럽 도시처럼 소박했지만, 다양한 문화를 품고 있었고, 자연과 삶이 조화를 이루는 도시라는 인상을 주었다. 맑고 눈부신 자연, 풍요로운 삶의 리듬이 어우러진 볼차노는 참 운치 있는 도시였다.

돌로미티 3대 절경, 카레짜 호수

세계 여행가들이 꼽은 '돌로미티 3대 절경' 중 하나, 카레짜 호수. 볼차노에서 180번 버스를 타고 약 50분 정도 달리니, 눈앞에 에메랄드빛 호수가 펼쳐졌다. 호텔에서 받은 바우처 덕분에 버스는 무료였다. 호수의 빛깔은 물론, 그 호숫물에 반영된 돌산과 하

늘의 절경은 입을 다물지 못할 정도였다. 이곳의 에메랄드빛 호수는 눈이 녹아 흘러내리는 물과 해저에서 솟아나는 샘물로 이루어져 있고 계절에 따라 물의 빛깔과 호수의 수위가 달라진다고 한다.

호수 주위로 조성된 산책로를 여유롭게 걸으면서 사진도 찍고, 여유롭게 호수를 즐겼다. 한 바퀴만 돌고 가기는 아쉬워 또 한 바퀴 더 돌아보고, 다음 날 또 찾아갔다. 세상에 이렇게 아름다운 호수가 있다니! 6월이라 물도 많고 아침 일찍 찾아가서 물색도 더 예뻤나 보다.

처음엔 '호수 하나 보자고 굳이…?' 하는 생각이었지만, 카레짜 호수는 그런 생각을 단번에 바꿔놓았다. 호수가 이렇게 황홀할 수 있다는 걸 처음 알게 해준 곳. 그 이후로 우리는 돌로미티의 여러 호수를 찾아다니게 되었고, 그 어느 곳도 실망시키지 않았다.

카레짜만 보고 돌아가기엔 아쉬워, 근처에 또 다른 호수가 있다고 하여 20분 정도 걸어가 보았다. 물빛은 기대만큼은 아니었지만, 뗏목을 탈 수 있었고 한적하게 호수를 한 바퀴 산책하니 그것만으로도 좋았다.

계획하지 않아도 즐거운 여행, 볼차노

이날은 돌로미티 볼차노에서 180번 버스를 타고 여행하기로 했다. 전날 구경한 카레짜 호수를 한 번 더 구경하고, 30분 뒤에 온 다음 버스를 탔다. 180번 종점 마을인 비고 디 파사(Vigo di

Fassa)에 가서 구경하고 인포메이션 센터에서 추천하는 케이블카를 타고 올라가 산장에서 점심도 먹고 트레킹도 하면서 돌로미티의 여유와 풍경을 즐겼다.

  산장에서 간단한 점심을 먹고, 가르데차(Gardeccia) 산장까지 이어지는 트레킹을 시작했다. 주변을 감싼 바위 봉우리들이 장관이었다. 사방 어느 곳을 보아도, 멋진 바위 봉우리들이 보이고 알펜로제를 비롯한 온갖 야생화들이 저마다의 멋을 뽐내고 있었다. 돌로미티는 어디를 걸어도 멋진 곳이었다. 계획하지 않고 우연히 찾아간 이 코스도 우리에게는 알려지지 않았지만, 현지인들은 많이 찾아오는 트레킹하기 멋진 곳이었다. 웅장한 바위 봉우리와 드문드문 보이는 빙하들, 알프스는 어느 곳이든 그 이름값을 하고 있었다.

이후에는 빙하 미라 '외치(Ötzi)'가 있다는 남티롤 고고학 박물관을 찾았다. 유물 하나가 이렇게 많은 사람들을 불러모을 수 있다는 사실이 새삼 놀라웠다.

천상의 화원, 알페 디 시우시

오르티세이에서 곤돌라를 타고 쉽게 올라갈 수 있는 알페 디 시우시(Alpe di Siusi)는 돌로미티의 천상의 화원이라 불릴 만한 곳이다. 유럽에서 가장 높고, 가장 넓은 고원. 해발 2,000m, 축구장 8,000개 넓이에 해당하는 56km²의 드넓은 평원이 펼쳐진다. 6월 말, 우리가 찾은 그곳은 말 그대로 '저 푸른 초원 위에' 있었다.

알프스의 이름 모를 수많은 야생화가 꽃망울을 터트리고 저마다의 향기를 흩날리고 있었다. 살랑살랑 불어오는 고원의 청정한 바람을 온몸으로 느끼며 풀밭을 산책하니 여기가 그냥 천국의 산책길이었다. 하늘을 찌를 듯 솟아오른 돌로미티 봉우리들은 마치 자연이 세운 대성당 같았고, 그 위로 펼쳐진 푸른 초원은 조용한 경이로움 그 자체였다.

트레킹 길을 따라 한 걸음씩 내딛으며, 풀을 뜯는 소와 말, 그리고 고요히 피어난 야생화들 사이로 걷는 그 길은, 몸과 마음 모두

가 편안해지는 순간이었다. 그곳은 정말로 '천상의 화원'이었다.

돌로미티 여행의 꽃, 세체다 트레킹

세체다는 오르티세이에서 곤돌라를 타고 푸르네스(Furnes)로 이동한 뒤, 나시 케이블카를 타고 올라가 도착할 수 있는 곳이다. 오르티세이에서 즐기는 돌로미티 여행의 꽃은 단연 세체다 트레킹이라 하더니, 역시 그 명성은 거짓이 아니었다.

오르막과 내리막이 다소 있었지만, 중간중간 리프트도 잘 되어 있었고 야생화와 주변을 둘러싼 바위 봉우리들을 감상하기엔 더없이 좋은 길이었다. 산장도 군데군데 자리 잡고 있어 시간을 넉넉히 두고 여유롭게 힐링하기에 그만이다. 따뜻한 차 한 잔을 시켜놓고 그저 아무 생각 없이 앉아 있기만 해도 마음이 편안해지는 공간이었다.

우리나라 사람들도 꽤 많이 만났다. 아마 이 멋진 풍경 덕분에 돌로미티가 요즘 핫한 여행지가 된 것 같다. 경치에 취해 구석구석을 트레킹하다 보니 시간 가는 줄 몰랐다. 웅장한 바위 봉우리와 그 아래 펼쳐진 초원의 트레킹 길은 분명 오래도록 기억에 남을 풍경이었다. 내려올 수 있는 케이블카도 다양하게 준비되어 있어 코스 선택의 폭도 넓었다. 세체다는 여유 있게 하루 코스를 잡고, 천천히 즐기기에 더없이 좋은 곳이다.

돌로미티 최고의 전망, 라가주오이 산장

　돌로미티에서 예약이 가장 어렵다는 산장, 라가주오이 산장이 어렵사리 예약되었다. 우리는 그 입구인 파소 팔자레고로 향하는 31번 버스를 타고 이동했다. 요금은 4.2유로였다. 가는 도중, 친퀘토레 정류장이 눈에 들어왔다. 마침 시간이 여유로워 이곳에서 잠시 내려 보기로 했다.
　시간과 거리를 잘 몰라 24유로짜리 리프트 왕복권을 사서 리프트를 탔다. 이곳은 사진작가들이 가장 사랑하는 돌로미티 절경 중 하나로, 다섯 개의 바위 봉우리가 어우러져 있는 풍경이 단연 압도적이었다. 가까이 가니 암벽 타는 사람들을 많이 볼 수 있었다. 이런 곳에서 암벽을 탈 수 있다니 정말 행복해 보였다.

하지만 이 아름다운 풍경 뒤에는 슬픈 역사도 숨어 있었다. 친퀘토레는 제1차 세계대전 당시 오스트리아와 이탈리아가 치열하게 싸운 격전지였다고 한다. 지금은 참호와 박물관이 조성되어 있었고, 그 앞에 서 있으니 이름 없이 쓰러져 간 그날의 병사들이 떠올라 마음이 아팠다. 이렇게도 아름다운 자연 속에서 전쟁이라니, 인간이 어디까지 잔인해질 수 있는지 그 끝을 알 수 없다.

친퀘토리에 도착하여 한 바퀴 돌아봐도 시간 여유가 있어 내려가는 리프트를 타지 않고 조금 멀지만 라가주오이 산장까지 트레킹을 하기로 했다. 바위 봉우리를 돌고 돌아 이어지는 내리막 길, 그리고 파소 팔자레고 고개부터 이어지는 급경사 오르막길은 결코 쉽지 않았지만, 장엄한 풍경 속을 걷는다는 기쁨에 피로도 잊은 채 걸었다.

라가주오이 산장에 도착하니 왜 이 산장이 돌로미티에서 예약이 제일 어려운지 알 것 같았다. 라가주오이 산장은 돌로미티에서 가장 멋진 전망대였다. 봉우리 이름들은 알 수 없으나 사방으로 둘려서 있는 멋진 돌로미티의 바위 봉우리들이 보이고 아래에 펼쳐진 호수와 산 아래의 멋진 알프스의 전원 모습이 환상적인 풍경이었다.

산장에서 정상까지 바윗길을 따라 조심조심 가니 세상에 이런

멋진 풍경이 펼쳐지다니! 여유롭게 바위에서 전망을 실컷 구경하고 싶었는데, 날씨가 계속 흐려져 비가 올까 봐 서둘러 산장으로 돌아왔다. 도미토리에서 책도 읽고 내리는 비도 감상하면서 행복한 시간을 보냈다. 오후 늦게 비가 내려 전망이 가려졌으나, 산장의 분위기는 고즈넉할 뿐만 아니라 낭만적이었다. 평소 마시지 않는 와인도 시켜 마시면서 돌로미티의 분위기를 맘껏 즐겼다.

세 봉우리가 빚은 장관, 트레 치메 디 라바레도

돌로미티의 하이라이트라 불리는 트레 치메 디 라바레도(Three Peaks of Lavaredo)를 찾았다. 미수리나 호수에서 31번 버스를 타고 아우론조 산장에 내렸다. 왕복 요금으로 10유로가 든다. 토요일이라 도로 요금 징수하는 곳까지 30분 정도 밀려서 갔다.

이곳은 바위 봉우리들의 전시장이라 해도 과언이 아니다. '트레 치메 디 라바레도(Tre Cime di Lavaredo)'는 이탈리아어로 '라바레도에 있는 세 개의 바위 봉우리'라는 뜻. 장엄하게 솟은 이 세

봉우리는 세계에서 가장 상징적인 산봉우리 중 하나로, 그 압도적인 풍경은 수많은 여행자들을 이끌어 모은다. 트레킹을 좋아하지 않는 이들조차 이탈리아에 오면 꼭 한 번 들러야 한다고 할 만큼, 돌로미티를 대표하는 장소다.

아우론조 산장에서 라바레도 산장까지는 완만한 임도 같은 길이었다. 그러나 전망은 정말 좋았다. 사방으로 보이는 바위 봉우리와 푸른 초원, 흐드러지게 피어 있는 야생화와 무수히 많은 등산객은 이곳이 돌로미티를 대표하는 곳이라는 것을 증명이라도 하는 듯했다.

라바레도 산장에서 잠시 휴식을 취한 후 로카텔리 산장으로 향했다. 갈수록 풍경은 더욱 아름다워졌고, 사진 찍기 좋은 포인트도 많아졌다. 내리막과 오르막이 조금씩 섞인 평탄한 길을 걷다 보면 어느새 로카텔리 산장에 닿는다. 산장에서 보는 전망은 또 다르다. 아래에 예쁜 호수가 보이고 예쁜 바위 봉우리들이 가까이 늘어서 있다.

제1차 세계대전 때 참호로 사용했다는 곳에 올라 사진도 찍고 전망도 보면서 황홀한 시간을 보내다, 한 바퀴 돌아서 아우론조 산장으로 향했다. 오르막이 많아 힘들었으나, 경치는 정말 좋았다. 트리 치메를 품은 작은 호수와 푸른 초원 위에 펼쳐진 야생화, 우뚝 솟은 바위 봉우리들이 너무 멋졌다.

아우론조 산장은 생각보다 멀었다. 능선만 돌면 나오겠거니 했는데 쉽게 나오지 않는다. 트레킹을 하면서 생각이 얼마나 중요한지 느끼는 순간이다. 멀게 생각했던 곳이 나타나면 너무 반가운데, 가깝다고 생각한 곳이 쉽게 나타나지 않으면 얼마나 힘든지. 멋진 전망도 지쳐갈 때쯤 아우론조 산장이 나왔고 우리가 타고 갈 버스는 우리를 기다리고 있었다.

신들의 호수, 브라이에스

도비아코에서 442번 버스를 타고 브라이에스 호수에 갔다. 호텔 바우처가 있어 버스 요금은 무료였다. 30분마다 있는 버스인

데 사람이 너무 많아 겨우 탔고 중간 마을에서는 대기중이던 사람을 태우지 못할 정도였다.

9시 버스를 타고 출발했는데도 10시 전에 도착한 브라이에스 호수 입구는 이미 수많은 사람들로 북적였다. 호수에서는 작은 배를 타는 이들도 많아, 분주한 풍경이 이어졌다.

돌로미티에는 많은 호수가 있지만, 브라이에스 호수만큼 여행자들의 사랑을 받는 곳도 없다. 신비한 에메랄드빛을 내뿜으며 산들을 그대로 비추고 있어 '신들의 호수'라는 별명이 붙었다. 브라

이에스 호수를 반 바퀴 돌아 알타비아 1코스를 조금이라도 걸어 보려고 했으나 너무 돌길 오르막이라 포기했다.

그렇게 조금 더 걸으니 풀밭 길로 된 트레킹 길이 보여 걸어갔다. 20분 정도 가니, 말가 포레스타(Malga Foresta) 산장이 나타났다. 그곳에서 다시 1시간 40분가량 계곡 길을 따라 걷다 보니 호흐알펜휘테 포예도라 산장(Hochalpenhütte Fojedöra)에 도착했다. 완만한 경사의 계곡 길은 걷기 좋았고, 마지막 오르막을 올라 도착한 산장은 목장을 겸한 곳이었다.

주변은 야생화가 만발한 평원이 펼쳐져 있었고, 알프스 들꽃을 뜯는 소들의 풍경소리까지 더해져 마치 다른 세상에 들어선 듯한 기분을 안겨 주었다.

자전거로 국경을 넘다, 오스트리아 리엔츠까지

이날은 도비아코에서 자전거를 대여해서 탔다. 날씨 예보에 따르면 오후에 비가 온다고 해서, 오전에는 도비아코 호수가 있는 방향으로 향했다. 자전거를 빌려 도비아코 주변을 돌며 도비아코 호수와 란드로 호수를 둘러보았다. 약간은 오르막이었지만, 멋진 풍경 덕분에 힘든 줄도 모르고 페달을 밟다 보니 어느새 호수가 보이기 시작했다.

자전거를 세워 두고 호수를 한 바퀴 돌았다. 알프스 아래에 펼쳐진 호수는 어디든 아름답다. 고개를 들면 흰 산, 아래를 보면 백조가 노니는 평화로운 호수라니! 이런 예쁜 곳에서 이렇게 한가로운 시간을 사랑하는 사람과 함께 보내다니! 정말 행복했다.

숙소에 돌아와 점심을 먹고 오후는 오스트리아 리엔츠까지 자전거 타고 가서 돌아올 때는 기차를 타고 왔다. 국경을 넘어가는 곳이라 여권을 챙겨 갔지만 어느 순간 국경을 지나 있었다. 이탈리아와 오스트리아 국경은 자전거를 타고 가도 알 수 없었다.

오스트리아 가는 길은 하천을 따라가는 내리막길이라 자전거 타기는 편했다. 이렇게 멋진 알프스를 따라 자전거라니! 정말 황홀했다. 오후에도 비가 조금씩 내렸지만 오스트리아 리엔츠까지 자전거로 갔다가 기차 타고 도비아코로 돌아왔다. 오스트리아 가는 길은 내리막이고 돌아오려면 오르막이라 기차타고 오는 것을 추천한다. 알프스에서의 자전거 여행은 말 그대로 힐링이었다.

고대의 숨결이 느껴지는, 베로나와 밀라노

볼차노에서 밀라노로 가려면 베로나를 거쳐야 한다. '레터스

투 줄리엣'이라는 영화를 보면서 줄리엣의 집이 있는 베로나에 가 보고 싶었는데 마침 지나간다고 해서 들렀다.

볼차노에서 12시 31분 기차를 14.9유로에 예매했으나, 파업으로 운행이 취소되어 다시 13시 31분 기차를 어렵게 예매했다. 가격은 30.2유로로 두 배 이상이었지만, 이렇게라도 갈 수 있음에 감사한 마음이었다. 많은 기차가 취소되어 기차는 만원이었지만, 창가 좌석을 얻어 바깥 풍경을 여유롭게 감상할 수 있었다.

베로나에 도착한 후 체크인을 마치고 잠시 쉬었다가 줄리엣의 집, 원형극장 등 시내 곳곳을 둘러보았다. 그리고 이날 밤 9시 15분, 로마 시대 고대 원형극장에서 열리는 오페라 '아이다'를 관람했다.

베로나에 온 이유인 줄리엣의 집은 베로나 시내 중심에 있었다. 베로나 시내의 명품 상가들을 구경하고 나면 아기자기한 소품 가게들이 나왔다. 긴 여행이라 살 수 없지만 예쁜 기념품들이 많았다. 줄리엣의 집은 사람들이 너무 많았다. 긴 줄이 줄리엣의 집의 인기를 알 수 있었다. 긴 기다림 끝에 집에 들어가도 또 사진을 찍기 위한 줄이 길었다. 이렇게 더운 날 이렇게 많은 사람들이 찾아오다니. 소설 속 인물의 가상 집이 이렇게 스토리를 입히니 유명한 관광지가 될 수 있구나 하는 생각을 했다.

마침 방문한 날이 오페라 축제 기간이었다. 로마 고대 원형 극장에서 관람한 오페라 아이다는 웅장했다. 수많은 출연진과 넓은 무대, 그리고 고대 극장이 주는 공간의 울림이 작품에 자연스레 몰입하게 되었다. 고대 로마의 원형 극장을 이렇게 오늘날에도 사용하고 있다니 인간의 상상력이 어디까지인지 알 수 없다. 생애 처음으로 오페라 아이다 공연을 고대 원형극장에서 본 것이었다. 무척 만족스러웠다. 공연도 경이로웠지만 수많은 사람들이 미동도 하지 않고 몰입하는 모습은 또 다른 유럽 문화를 느끼게 했다.

밀라노의 랜드마크인 대성당 내부를 관람했다. 테라스는 그냥

　종탑인 줄 알고 안 올라가려다가 두오모 테라스는 꼭 가야 한다는 글이 많아서 올라갔다. 올라가 보니 그 말이 실감이 났다. 정말 꼭 가야 하는 곳이었다. 섬세한 디테일들을 가까이서 볼 수 있는 것이 좋았다. 지붕 위를 걸어 보는 것도 좋았다. 7월의 햇볕이 뜨거웠는데도 더운 줄 모르고 테라스를 구경했다. 성당을 짓는 데 600년이나 걸린 이유를 조금은 알 것 같았다.

　밀라노 스타벅스가 건물도 예쁘고 사람들도 많이 찾는 유명한 곳이라 해서 찾아가 봤다. 역시 건물도 예쁘고 안에도 커피를 만드는 다양한 구경거리가 있었다. 밀라노 두오모에서 걸어서 5분 거리이니 한 번 가 볼 만한 곳이었다.

꼬모 호수와 나비글리 운하

밀라노 민박집 주인의 강력한 추천을 받고, 돌로미티에서 본 호수들에 이어 또 하나의 아름다운 호수, 꼬모 호수를 보기로 했다. 밀라노 중앙역에서 기차를 타고 꼬모 호수가 있는 지오반니 역으로 향했다. 요금은 5.2유로였다. 역에서 내려 호숫가로 걸어가는 길은 더웠지만, 그 여름 햇살마저도 여행의 일부처럼 느껴졌다.

기차역에서 내려 호숫가로 걸어가니 더웠다. 젤라토 가게 앞에서 많은 사람들이 줄을 서서 젤라토를 사 먹고 있었다. 젤라토의 본고장 이탈리아이니 우리도 하나 먹어보자 싶어 세 가지 맛을 섞어 사 먹었다. 입에서 녹는다는 것이 무엇인지 알게 해 주는 달콤한 맛이었다. 부드럽게 녹으면서 스미는 달콤함이란! 호수를 바라보며 앉아서 여유롭게 젤라토를 먹으니, 행복이 따로 없었다.

이후엔 호숫가를 따라 걸으며 전지를 발명한 알레산드로 볼타의 박물관도 둘러보았다. 입장료는 5유로였다. 이름은 익숙하지만 잘 알지 못했던 인물의 고향에서, 그의 흔적을 직접 마주하니 묘한 친근감이 느껴졌다.

그리고 꼬모 호수에서 가장 아름답다는 벨라지오로 향하는 유람선을 탔다. 호수 주변 마을을 지나며 2시간가량 여유롭게 풍경을 감상했고, 벨라지오 마을에 도착했다. 돌아가는 유람선 시간이 촉박해 마을을 30분 정도만 둘러봤지만, 작은 골목과 언덕에 자

리 잡은 집들이 어찌나 그림 같던지, 짧은 시간임에도 진한 인상을 남겼다.

벨라지오에서 유람선을 타고 바렌나로 이동. 이곳도 꼬모 호숫가의 또 다른 보석 같은 마을이었다. 호숫가 식당에서 늦은 점심을 먹고, 시원한 물에 발도 담근 채 한참을 쉬었다. 그리곤 마을을 천천히 거닐고, 기차를 타고 다시 밀라노로 돌아왔다. 기차 요금은 7.2유로였다. 사람도 많고 날씨도 더워 힘들었지만, 언덕을 따라 자리 잡은 예쁜 마을과 호수 풍경에 푹 빠져 보낸 하루였다.

밀라노를 떠나기 전 방문했던 나비글리 운하. 야경이 좋다 하여 전날 밤에 야경을 보려고 했는데, 우박 섞인 비 때문에 오지 못했다. 그래서 낮에 찾아 왔는데 한산했다.

퇴직한 김에
아프리카

탄자니아

7.14~8.25

유럽에서 아프리카로, 탄자니아 잔지바르

105일 간의 유럽 여행을 마치고, 아프리카 탄자니아 잔지바르로 떠났다. 유럽에서 탄자니아 가는 항공편을 검색하던 중, 밀라노에서 잔지바르로 바로 가는 직항편이 있어 잔지바르로 가게 되었다.

8시간의 밤 비행 끝에 아침 6시, 잔지바르 공항에 도착했다. 도착 비자를 받는 데 시간이 오래 걸린다고 들었지만, 생각보다 수월하게 받았다. 줄이 길기는 했지만 30분 정도 기다린 후에 왜 왔는지, 왜 유럽에서 왔는지 등 간단한 질문을 거쳐 곧바로 비자가 발급되었다.

짐을 찾은 뒤 200유로를 환전하고, 15달러를 부르던 택시비를 10달러에 흥정해 숙소에 도착하니, 아침 8시가 되었다. 하지만 청소가 안 되었다고 오후 1시 이후에 체크인해 줄 수 있다고 해서, 기다리는 동안 스톤타운 한 바퀴 둘러보았다.

삶이 지루할 때는, 스파이스 농장 투어

스톤타운에서 달라달라를 타고 스파이스 농장을 직접 찾아가 보기로 했다. '삶이 지루하거나 무료할 때 스파이스 농장을 찾아가 보면 좋다'는 블로그 글을 보고 인상 깊었기 때문이었다. 중고등학교 시절 타고 다니던 만원 버스 체험을 하면서 현지인의 생활도 체험하고 옛날 추억도 되살리며 달리다 보니, 스파이스 투어를 하는 농장에 도착했다. 다양한 열대 식물에 관해 설명을 듣고, 직접 맛도 볼 수 있고, 잔지바르에 대해 알 수 있었던 귀한 시간이었다.

그곳에서는 열심히 살아가는 잔지바르 사람들의 모습을 볼 수 있었다. 프리즌 아일랜드로 갈 배를 섭외하여 다른 팀과 함께 2인당 3만 실링에 프리즌 아일랜드에 다녀왔다. 배를 타고 약 20분을 달려 도착한 섬에서는 입장료 12달러를 지불하고, 육지 거북이와 감옥을 구경했다. 멀미를 걱정했었는데 바다는 잔잔했고, 섬 주위의 물빛이 인상적이었다. 거북이도 신기했다.

해 질 무렵의 스톤타운 해변은 왁자지껄, 시끌벅적 그 자체였다. 청소년이 자신의 실력을 뽐내기 위해, 바다로 다이빙, 덤블링,

인간 탑 쌓기 등 다양한 모습을 보여 준다. 더위를 피해 시원한 해변으로 나온 관광객과 현지인들이 야시장의 다양한 먹거리를 즐기며 함께 어울려 시간을 보낸다. 오늘을 위한 즐거움이든 내일을 위한 노력이든 모두 이 순간만큼은 행복하다.

세계 10대 해변 중 하나, 능위 해변

세계 10대 해변 중 하나인 잔지바르 능위 해변은 낮에는 많은 관광객들로 북적인다. 하지만 이른 아침, 물이 빠지는 시간에 그곳은 현지 주민들의 삶의 현장이다. 고기를 잡는 사람, 해초를 뜯는 사람, 조개를 줍는 아이들 등, 바다가 곧 그들의 삶의 터전이자 일터였다.

우리는 잔지바르 일정에 여유가 있어 해변에서 푹 쉬어 가기로 했다. '가장 아름답다'는 능위 해변의 크리스털 비치 호텔에서 3박을 했다. 가격이 저렴했고, 음식은 맛있었으며, 직원들도 친절했다. 무엇보다도 물빛이 어찌 이리 고운지, 방에서 보는 바다가 너무 아름다웠다. 세상에 이런 전망을 보면서 여유로운 시간을 보낼 수 있다니…. 아, 와이파이 속도는 조금 아쉬웠다.

파제에서의 특별한 체험, 락 레스토랑과 동굴 수영장

파제에서 많은 시간을 보내기 위해, 유명하다는 락 레스토랑을 찾아갔다. 파제에서 요금 500실링을 내고 340번 달라달라를 타고 약 30분쯤 가면 락 레스토랑 입구에 도착한다. 락 레스토랑은 단순히 식당이 아

니라 이미 관광지로 통했다.

잔지바르에 온 관광객들은 모두 한 번쯤 들르는 듯, 사람도 많고 현지인들도 북적였다. 특이한 모양을 한 레스토랑이 홍보를 잘했나 보다. 가격은 다소 있었으나 파란 바다 전망을 바라보며 먹으니, 그야말로 천국에서의 한 끼였다.

파제에서 가까운 곳에 마얼럼 천연 동굴 수영장이 있고, 잠비 아니 쿠자 동굴에도 천연 동굴 수영장이 있다. 우리는 그 두 곳을 찾아가 수영을 즐겼다. 자연이 만든 작은 동굴을 그대로 보존해 둔 모습이 인상적이었고, 그 주변은 잘 가꿔진 열대 정원으로 꾸며져 있었다. 이렇게 동굴 수영장 자체가 또 하나의 독특한 관광 콘텐츠가 되어, 사람들의 발길을 끌고 있었다.

섬 한가운데 울창한 숲, 맹그로브

파제에서 달라달라 340번을 타고 조자니 숲에서 내렸다. 요금은 2,000실링. 입구에서 입장료 12달러를 내고 안으로 들어가 리셉션에서 접수하면, 일정 인원이 모일 때까지 기다렸다가 가이드가 함께 동행한다.

먼저 붉은 콜럼버스 원숭이가 많이 서식하는 입구 숲에서 원숭이들을 관찰하고, 이어서 본격적인 숲 탐방을 시작했다. 가이드는 잔지바르의 숲에 대한 전반적인 설명을 해주었고, 숲을 이루는 주요 나무들에 대해서도 자세히 소개해 주었다.

숲 탐방이 끝나면 타고 온 교통수단을 이용해 맹그로브 숲으로 이동했다. 싱그럽고 생명력 넘치는 맹그로브 숲길을 따라 걷는 경험도 인상 깊었다. 그렇게 맹그로브 숲까지 둘러보면 조자니 숲 탐방이 마무리된다.

사실 별다른 기대 없이 '온 김에 들러 보자'는 마음으로 방문했지만, 예상보다 훨씬 만족스러웠다. 섬 한가운데 이렇게 울창한 숲이 있다는 것도 놀라웠다. 맹그로브 숲은 말 그대로 '싱싱함 그 자체'였다. 아쉬움이 남아, 숲 입구로 다시 돌아가 한 번 더 천천히 둘러보고 나왔다.

액티비티와 쉼이 공존하는 곳, 잔지바르 남부

파제에서 즐길 수 있는 유명한 액티비티는 카이트 서핑이다. 예전에 발리 꾸따 해변에서 해 본 적이 있는 서핑이라 쉽게 생각하고 도전해 보았는데, 1시간 연습을 해보니 힘들어서 그만두었다.

남들이 타는 것을 볼 땐 쉬워 보였는데, 하늘에 떠 있는 카이트와 바다 위에서 중심 잡는 일은 결코 쉽지 않았다. 바람에 따라 움직이는 카이트를 내 마음대로 움직이려고 했던 게 무리였다. 세상사는 일도 이러하리라. 힘으로 되지 않는 일은 빨리 포기하는 것도 하나의 방법일지 모른다.

잔지바르 가장 남쪽에 위치한 잠비아니 리프 앤 비치 리조트에서 3박 4일을 지냈다. 풀 보드로 점심과 저녁도 괜찮아서, 먹고 쉬

고 하며 힐링과 휴식의 시간을 보냈다. 물이 들어오면 바다에서 수영하고, 물이 빠지면 해변을 거닐고 수영장에서 수영하면서 여유롭게 잔지바르 휴양지를 즐겼다.

버킷리스트에 도전하다, 킬리만자로산 트레킹

아프리카 여행의 버킷리스트였던 킬리만자로 트레킹을 드디어 하게 되었다. 모시(Moshi)에 있는 한인 트레킹 업소인 제이스 어드벤처(Jay's Adventure)의 5박 6일 킬리만자로 마랑구 루트 트레킹 프로그램을 이용하여 다녀왔다. 가격은 현지인 업체보다 약간 비쌌으나 트레킹 내내 한식도 제공되고 모든 서비스가 월

등했다.

첫날은 마랑구 게이트에서 만다라 산장까지 8km 트레킹을 했다. 열대 우림 속을 걷는 행복한 시간이었다. 모든 것이 낯선 풍경들로 새로운 세계에 온 느낌이 들었다. 첫째 날은 거리도 짧고 고산에 대한 두려움도 없어 천천히 올라가면서 열대 숲의 신선함을 마음껏 느꼈다.

2일 차는 만다라 산장에서 호롬보 산장까지 11km를 관목지대로 가는 길이다. 새벽에 일어나니 비가 오고 있어 조금 늦게 비 그치면 출발하는 것이 좋겠다고 하니 가이드는 비가 언제 그칠지 모르고 조금 올라가면 비가 오지 않는다고 하여 8시쯤 우중 산행을 시작했다. 정말로 가이드 말대로 열대 우림 지대를 벗어나니 비가 그쳤다. 현지인의 경험적 지식이란 정말 대단했다.

열대림을 벗어나니 관목지대가 나타났다. 자연의 섭리에 감탄할 뿐이다. 고도에 따라 달라지는 자연의 신비함이라니. 우리나라에서 본 적 없는 풍경에 감탄하면서 오르다 보니 어느새 호롬보 산장이 보였다. 가이드가 들려주는 '조용필의 킬리만자로의 표범'을 들으면서 킬리만자로산을 오르다니 정말 꿈만 같았다.

3일 차는 호롬보 산장에서 고소 적응을 하는 날이다. 늦게 일어나 아침을 먹고 가볍게 얼룩말 바위까지 트레킹을 했다. 천천히 1시간 반 정도 올라가 30분 정도 사진 찍고 1시간 정도 내려왔다. 트레킹 중에도 여유로운 이런 여정이 좋았다. 내려와서 점

심으로 먹은 라면은 인생 최고로 맛있었다. 국물 그릇 바닥까지 싹싹 긁어 먹었다. 세상에 라면이 이렇게 맛있는 음식이었나? 약간 남아 있던 고산병 기운도 싹 사라졌다. 3,700m에서 보낸 행복한 하루였다.

4일 차는 호롬보 산장에서 키보 산장까지 9km를 걸어야 했다. 가이드 2명 중 1명이 컨디션이 좋지 않아 등산을 포기하고 내려갔다고 했다. 100번 정도의 킬리만자로산 트레킹을 했다는 현지 가이드도 포기하고 가는데 처음으로 도전하는 산이라 걱정이 되었다. 길은 비교적 완만하나 3,700m에서 4,700m까지 1,000m를 올라가는 길이라 힘들었다.

천천히 물을 마시면서 사막 같은 고산을 꾸준히 걸어가다 보면 어느새 키보 산장에 도착한다. 정면에 보이는 킬리만자로산을 보면서 '천천히'를 반복하면서 오르는 길에서는 아무 생각도 나지 않는다. 다만 걸어갈 뿐이다. 다음날 정상 등반을 위해 힘을 내 본다.

8월 11일, 드디어 킬리만자로산 정상에 가는 날이 되었다. 키보 산장에서 밤 11시 30분에 라면을 먹고 12시에 킬리만자로 정상을 향해 출발했다. 별빛이 쏟아지는 키보 산장을 출발하여 멀고도 힘든 여정이 시작되었다. 이때까지만 해도 그렇게 힘들 줄 몰랐다. 가파른 오르막길을 5,000m 이상에서 오른다는 것은 인간의 한계에 도전하는 것이었다. 손끝과 발끝도 시려 오고 한걸음 옮기고 한참을 쉬고 하면서 어렵게 올랐다.

여명이 동쪽에 밝아올 때쯤 드디어 길만 포인트(5,685m)에 도착했다. 내려가고 싶은 마음은 꿀떡 같았지만 여기까지 올라온 것이 아까워, 그리고 여기서부터는 능선길이라 편할 것이라는 기대와 함께 밝아오는 새벽길을 걷고 또 걸었다.

스텔라 포인트(5,756m)에 도착. 아침은 밝았고 멀리 보이는 정상은 오르막길이라 집사람이 여기서 멈춘다고 하여 준비해 온 플래카드와 함께 사진을 찍고 좀 쉬고 가이드와 같이 설득하여 다시 정상을 향해 발걸음을 옮겼다.

거친 숨소리와 살얼음판을 걷는 듯한 아찔함과 어지러움…. 세상 모든 고통을 내가 가지고 가는 듯한 길이었다. 1시간여를 걸어 드디어 킬리만자로산의 정상 우후루 피크(5,895m)에 도착했다. 이 기쁨과 환희를 무엇에 비할까?

하산길도 쉽지 않았다. 길만 포인트까지는 완만한 능선길을 빙하와 눈을 구경하면서 내려왔다. 준비해 준 콜라와 간식을 먹으면서 체력 충전도 하고. 킬리만자로에서 먹는 콜라란? 말해 뭐해! 우리나라에서는 콜라를 잘 마시지 않는데, 외국에 나오니 익숙한

콜라 맛이 그렇게 시원했다. 거의 1일 1콜라를 하면서 여행했다. 길들여진다는 것의 무서움을 콜라를 통해 느꼈다.

길만 포인트에서 키보 산장까지의 하산길이 장난이 아니었다. 자갈길에 미끄러져 내려가듯 하니, 먼지가 일고 발가락에 힘이 몰렸다. 끝날 듯 끝날 듯 끝나지 않는 긴 하산길을 걸어 키보 산장에 도착하여 늦은 아침을 먹고 침대에 쓰러져 있다가 내려가자는 가이드의 재촉에 쫓겨 내려왔다. 호롬보까지 9km. 다리 근육이 풀릴 만큼 긴 하산길이었다.

6일 차는 새벽 6시 호롬보 산장을 출발하면서 시작되었다. 내려가서 점심을 먹고, 올라오는 사람과 적게 마주치려면 일찍 내려

가자고 했다. 우리도 일찍 일어나는 편이고 내려오면서 일출도 보고 싶어서 일정을 일찍 시작했다. 다리는 여전히 뻐근하지만 힘차게 내려왔다.

킬리만자로산 트레킹은 산 자체의 아름다움, 고도에 따라 다르게 펼쳐지는 풍경도 좋았지만, 가장 인상 깊은 것은 역시 이곳에 살아가는 사람들의 모습, 바로 포터들이었다. 20kg이 넘는 짐을 머리, 어깨, 등에 지고, 그들은 아무렇지 않게 이 험한 산길을 오르락내리락한다. 우리는 빈 몸으로도 숨이 차고 힘든 이 길을, 그들은 삶의 무게를 온몸으로 짊어진 채 걸어간다. 그러나 등산객을 만날 때는 언제나 활짝 웃으며 '카리부(환영합니다)!'라고 외친다. 이들의 삶에 희망이 가득하길 빌어 본다.

마랑구 게이트에 내려와서 킬리만자로산 정상 등정 인증서를 받고 모시로 돌아왔다. 아프리카 버킷리스트였던 킬리만자로산 정상 등정을 이루었다. 이렇게 행복할 수 없다. 소망하고 희망하던 일을 이룬다는 것은 이렇게 즐거운 일이다. 가슴 가득 채워져 오는 뿌듯함.

킬리만자로 마랑구 루트 5박 6일 트레킹을 마친 뒤, 모시에서 충분히 휴식을 취한 뒤 쳄카 온천에 들렀다가 루소토를 거쳐 다르에스살람으로 이동할 계획이었다. 그러나 하루 저녁, 저녁 식사를 마치고 숙소로 돌아가던 길에 오토바이를 탄 소매치기에게 가방을 갈취당하는 사건을 겪었다. 그 안에는 여권, 카드, 현금까지 모두 들어있었다. 아프리카라는 것을 잠시 잊고 안전에 소홀한 것 같다.

여행의 동력인 현금을 구할 방법이 마땅치 않았지만, 이것도 여행의 일부다. 생각하면서 스스로를 위로했다. 제이스 키친 사장님의 도움을 받아 경찰서에 신고하고 경찰 리포트를 받고 달러도 환전했다. 그 후 다르에스살람까지 10시간이 넘게 버스를 타고 부랴부랴 이동했다.

탄자니아 수도, 다르에스살람

여권 신청을 위해 다르에스살람 한국 대사관 근처에서 이틀을 머물렀다. 대사관 직원은 매우 친절했고 여권도 DHL로 근무일 기준 5일 만에 받을 수 있다. 그렇게 케이프타운 가는 비행기 타기 전에 도착한다고 하니 조금은 안심이 되었다. 멀리 구경은 가지 못하고 대사관 주변을 돌아보았다. 오토바이만 지나가도 움찔해졌지만, 다르에스살람의 풍경은 좋았다.

여권 신청을 하고 주변 지역을 둘러보았다. 마사키에서 조금 위험하다는 코코 비치를 걸어서 다녀왔다. 오전이라 넓고 좋은 백사장에 관광객도 없고 현지인 몇 명만 있었다. 다르에스살람 한식당 '아띠'에서 점심을 먹고, 한식당 겸 카페인 루마 웨일에 가서 차도 마셨다.

여권 신청을 하고 다르에스살람에서 머물 곳이 필요했는데 한인 게스트 하우스 사장님을 만나 1주일간 편안하게 보낼 수 있었다. 국가를 위해 가족들과 떨어져 열심히 일하시는 현지 상사 분들을 만나 많은 이야기도 들을 수 있었고, 아침, 저녁으로 그 어디에서도 맛볼 수 없는 맛있는 한식을 먹으면서 여유로운 시간을 보냈다. 우리에게 쉴 수 있는 공간과 맛있는 음식을 주신 사장께 감사함을 전하고 싶다. 탄자니아에서 사업 번창하시고 부자되시기를.

남아프리카공화국

8.25~8.31

여기는 아프리카, 남아프리카공화국

다르에스살람에서 케냐 나이로비를 거쳐 남아프리카공화국 케이프타운으로 가는 여정. 환승 시간을 포함해서 약 11시간의 비행이다. 새벽 12시 30분에 숙소를 나와 1시에 공항에 도착하여 체크인하니 우리가 타고 갈 비행기가 없단다. 새벽 3시 40분 비행기인데 9시 50분 출발이란다. 그러면 나이로비에서 케이프타운 가는 비행기는? 나이로비 가서 알아보란다. 욕이 나올 상황이나 여기는 아프리카이니, 순서대로 움직여보자는 여유를 가지려 애써 본다.

공항 의자에서 노숙자 모드로 자는 둥 마는 둥 자고 항공사에서 제공해 주는 아침을 간단히 먹고 나이로비행 비행기를 탔다. 나이로비에 도착하니 연결 비행기가 있었다. 빵으로 간단히 점심을 해결하고 또 공항 의자에서 긴 기다림의 시간을 보냈다. 이후 오후 4시 35분에 비행기를 탈 수 있었고 겨우 케이프타운에 도착했다. 아프리카 트럭 투어를 예약한 점프 아프리카에서 픽업을 해주어 무사히 숙소에 왔다. 24시간에 걸친 이동이었다. 케이프타운에서는 어떤 여행이 될지 기대된다.

인생의 봄을 떠올린 곳, 케이프타운

케이프타운에서의 첫째 날, 늦게까지 잠을 자고는 아침으로 라면을 먹었다. 여행사에서 여행과 관련된 설명을 듣고 워터프런트에 걸어서 갔다. 보슬비가 내리는 가운데 바닷가라서 바람이 많이 불어 가을옷을 입어야 했다. 워터프런트 여기저기를 구경하고 쇼핑하고 점심 먹고 차 마시며 하루를 알차게 보냈다.

케이프타운 여행 둘째 날에는 전날에 이어 비가 내렸다. 계절이 바뀌는 기간이라 날씨 변화가 심했다. 나미비아 공사관에 가서 비자를 신청하고 숙소 주변 보캅 마을을 둘러보았다. 알록달록한 색깔이 예쁜 마을이었다. 이렇게 아름다운 보캅 마을도 노예 무역이라는 아픈 역사가 있다고 하니 마음이 아프다.

셋째 날은 케이프타운에 온 이래로 날씨가 제일 맑았다. 그래서 테이블 마운틴 등산을 했다. 케이블카가 수리 중이어서 걸어서

등산을 했다. 다이어거널(Diagonal) 코스로 올라가서 플라테클리프 협곡(Platteklip Gorge) 코스로 내려왔다. 다이어거널 코스는 정말 위험하고 힘든 길이었다. 가파른 계곡과 함께 있는 경사길을 올라가고 테이블 마운틴 정상까지는 계곡을 몇 개나 건너야 했다. 그래도 처음 보는 산의 형태와 다양한 식물들을 보면서 열심히 오르다 보니 어느덧 정상이었다. 시간이 늦을까 걱정했는데 많은 사람들이 여유를 즐기고 있어 우리도 정상을 둘러보며 멋진 전망을 즐겼다.

 마지막 날, 전날의 테이블 마운틴 등산으로 피로가 덜 풀렸지

만 케이프타운 여행 마지막 날이라 그냥 보내고 싶지 않았다. '라이언즈 헤드도 무척 좋다'는 이야기를 들은 터라, 무거운 몸을 이끌고 산에 올랐다. 그런데 막상 올라가 보니 경치가 좋아 피곤한 줄 몰랐다. 테이블 마운틴에서는 라이언즈 헤드가 잘 보였고 라이언즈 헤드에서는 테이블 마운틴이 잘 보였다.

파란색 하늘과 바다가 잘 구별되지 않을 정도로 날씨가 정말 좋았다. 산길은 완만한 오르막이 이어지다 360도 방향을 돌며 정상으로 향했고, 정상 근처에는 사다리 네 개가 설치된 급경사 구간도 있었다.

등산길에는 봄 야생화가 지천으로 피어 있었고, 정상에서 내려다본 바다는 정말 말로 표현할 수 없을 만큼 아름다웠다. 마치 푸른 바다에 그대로 빨려 들어갈 것만 같은 기분이었다. 멋진 전망에 잔망을 떨며 한참을 머물다가, 아쉬운 마음을 안고 산을 내려왔다.

세계 7대 식물원 중 하나라는 커스텐보쉬 식물원에도 갔다. 입장료는 230란드다. 테이블 마운틴을 배경으로 넓게 펼쳐진 이 식물원은, 아름다운 꽃과 식물들이 조화롭게 어우러져 하나의 거대한 정원을 이루고 있었다. 파란 하늘과 따뜻한 봄기운이 감도는 날씨 덕분에, 초록 잔디 위를 걷는 식물원 산책은 무척 즐거웠다. 곳곳에 피어 있는 봄꽃과 함께 내 인생의 봄날도 이렇게 가고 있구나 하는 생각이 문득 스쳐 갔다. 역시 식물원은 우리를 실망시키지 않았다. 이렇게 멋진 전망에 식물원을 만들다니.

이틀간 내리던 비가 그치고 날씨가 맑아지자, 시티투어버스(525란드)를 타고 희망봉(입장료 400란드)과 볼더스 비치(입장료 190란드)를 다녀왔다. 2층 버스를 타고 2시간여를 달려 희망봉에 도착하여 2시간을 주어 등대, 디아스케이프, 주차장 밑 바닷가까지 바쁘게 구경했다.

사막 같기도, 평원 같기도, 산 같기도 한 독특한 경관이 펼쳐졌고, 대서양과 인도양이 만나는 장면을 한눈에 볼 수 있다는 사실이 벅찼다. 타조가 뛰어노는 이국적인 해안가를 따라 버스를 타고

시원하게 달리는 것은 그 자체로 힐링이 되었다.

희망봉을 둘러본 뒤 시티투어버스는 아프리카 펭귄의 서식지인 볼더스 비치로 향했다. 기대했던 것만큼 많은 펭귄은 아니었지만, 아프리카에도 펭귄이 산다는 사실을 직접 눈으로 확인할 수 있는 귀한 시간이 되었다. 작고 귀여운 펭귄들과 함께한 볼더스 비치에서의 시간은, 하얗게 부서지는 파도와 어우러져 케이프타운에서의 즐거운 추억으로 남았다.

아프리카 트럭킹

8.31~9.19

오렌지 밭에서의 첫 캠핑, 아프리카 트럭 투어의 시작

아프리카 트럭 투어를 가는 날이다. 숙소에서 아침 7시에 픽업하여 집합 장소에 모여 서류를 작성하고 8시에 출발했다. 출발 인원은 12명, 가이드 겸 운전, 요리사 2명 총 14명이 출발했다. 케이프타운 시내의 희망봉 성, 시청광장, 시그널 힐에 들러 사진을 찍고 해변을 1시간쯤 달려 쇼핑센터에 도착했다. 그곳에서 필요한 물품도 사고, 해변에서 모두가 힘을 합쳐 만든 햄버거로 점심을 먹었다. 특별한 재료는 없었지만, 앞으로의 여정에 대한 설렘과 푸른 바다를 배경으로 한 첫 식사는 그야말로 꿀맛이었다.

푸른 초원이 끝없이 펼쳐지고, 루이보스차 농장이 자리한 한적

한 휴게소에 잠시 들렀다. 아름다운 풍경을 바라보며 루이보스차를 한 잔 마시니 그 자체로 힐링이었다. 잠깐의 휴식을 마친 뒤, 다시 트럭에 올라 1박을 하게 될 오렌지 농원 속 마르쿠스크라알(Marcuskraal) 캠프 사이트로 향했다. 도착 시간은 오후 4시 30분.

새로운 사람들과 새로운 장소를 간다는 설렘이 가득한 즐거운 날이었다. 트럭 의자가 조금은 불편했지만, 끝없이 펼쳐지는 남아공의 해변과 봄이 오고 있는 그 끝을 알 수 없는 광활한 유채꽃밭, 밀밭, 오렌지 과수원 평원을 보면서 달리는 기분은 좋았다.

캠프장에 도착해 앞으로의 일정에 대해 설명을 들은 뒤, 앞으로 19일 동안 매일 사용하게 될 텐트를 직접 설치해 보았다. 처음엔 다소 낯설었지만, 곧 익숙해지겠지 하는 마음으로 즐겁게 텐트를 쳤다. 캠프 사이트 주변엔 탐스럽게 오렌지가 열린 농장이 펼쳐져 있었고, 계곡 풍경도 더없이 아름다웠다.

우리가 생각한 아프리카가 아닌 오렌지 밭이 펼쳐진 멋진 곳이었다. 우리가 상식이라 생각하고 있는 것들의 허상을 깨달았다.

국경을 넘어, 나미비아로

아프리카 트럭 투어 2일 차에는 남아공을 떠나 나미비아로 향했다. 육로로 국경을 넘는 일은 생각보다 수월했다. 이렇게 쉽게 국경을 넘을 수 있다니, 새삼 신기한 마음이 들었다.

아침 일찍 출발해 하루 종일 이동했고, 오후 5시쯤 목적지인 나미

비아 오렌지강변의 펠릭스 유니트 카바나스(Felix Unite Cabanas) 숙소에 도착했다. 가는 길에는 남아공의 평원이 끝없이 펼쳐졌고, 봄을 맞아 들판 곳곳에 야생화가 흐드러지게 피어 있어 눈을 즐겁게 해 주었다.

오렌지강을 건너 국경에 도착해 간단한 입국 절차를 마친 뒤, 길고도 지루했던 하루의 여정을 마무리했다. 딱딱한 트럭 의자에 앉아 하루 종일 흔들리며 이동하는 것은 분명 고단한 일이었지만, 피어난 봄꽃들이 그런 지루함을 달래 주었다.

피시 캐년과 퀴어트리 숲의 일몰

3일 차 아침에 예정되어 있던 카약은 물이 부족해 취소되었고, 그에 따라 일정이 일부 변경되었다. 원래 예정된 숙소에는 들르지 않고 바로 4일 차 일정이었던 피시 캐년(Fish River Canyon)으로 향했다.

가는 길에는 피라미드처럼 생긴 모래 언덕과 광활한 사막 풍경이 이어졌고, 세계에서 두 번째로 크다는 피시 캐년에 도착했다.

비가 오지 않아 물은 거의 없었지만, 그 규모만으로도 압도적인 위엄을 느낄 수 있었다. 자연의 힘, 그리고 물의 힘이란…! 그 경이로움에 감탄할 수밖에 없었다.

피시 캐년에서 점심을 먹은 뒤, 다양한 종류의 자동차가 전시된 휴게소에 들러 차 한 잔과 함께 휴식을 취했다. 이후 다시 사막을 달려 숙소에 도착했고, 텐트를 친 후 잠시 쉬었다. 해 질 무렵, 일몰을 보기 위해 숙소에서 20분쯤 떨어진 퀴어트리 숲(Quiver Tree Forest)으로 이동했다. 가는 길에 산책하듯 여유롭게 걷는 치타를 마주치기도 했다.

그렇게 도착한 퀴어트리 숲에서의 일몰은 말 그대로 장관이었다. 기묘한 형태의 퀴어트

리들과 붉게 물드는 하늘이 어우러진 풍경은 아프리카에서만 볼 수 있는 특별한 순간이었다. 퀴어트리라는 나무 이름도 이 여행에서 처음 알게 되었는데, 그런 나무가 숲을 이루고 있다니, 세상에는 참 신기한 것이 많다.

지구의 신비로움, 거인들의 놀이터

4일 차 아침, 간단히 아침 식사를 마치고 마트에 들러 물과 간식 등 필요한 것들을 샀다. 이후 들른 곳은 이름부터 궁금증을 자아내는 거인들의 놀이터(Giant's Playground)였다.

'무슨 거인들의 놀이터인가?' 하면서 갔는데 생각보다 웅장하고 신기했다. 전날 일몰을 본 쿼어트리 숲만큼 이색적이고 멋진 곳이었다. 바위 위에 올라가 사진도 찍고 아프리카의 신선한 공기를 마시며 즐거운 아침 산책을 했다. 이렇게 큰 바위들을 누가 이렇게 쌓아 놓았는가? 지구의 신비로움은 어디까지인지.

아프리카 사막의 절경, 듄 45와 데드블레이

아프리카 트럭 투어 5일 차에는 나미비아 사막의 명소 듄 45를 찾았다. 아침 6시에 출발해 열심히 달렸지만, 해가 이미 중천에 뜬 오전 8시에야 도착할 수 있었다. 듄은 총 60개가 있다고 하는데, 그중에서도 45번 듄이 가장 아름답다고 한다. 능선 모양과 하늘색이 예쁘고 사막을 오르기에 날씨도 적당했다.

약간 미끄러지는 모래 언덕을 조심조심 올라가 그 능선에서 내려다보는 사막의 모습은 정말…! 상상을 초월했다! 사막을 볼 수 있는 가장 훌륭한 전망대였다. 미끄럼도 타고, 일행들과 사진도 찍으면서 듄 45를 만끽했다.

듄 45를 둘러본 후, 언덕 아래에서 간단하게 아침을 먹고 '데드블레이'로 향했다. 모래 위를 달릴 수 있는 전용 지프차로 10여 분을 이동한 뒤, 입구부터는 약 30분간 모랫길을 걸었다. 강렬한 햇볕과 뜨거운 모래 탓에 발걸음이 무거웠지만, 마침내 데드블레이가 눈앞에 펼쳐졌다.

듄 45와는 또 다른 사막의 풍경이 펼쳐졌다. 바람과 모래에 의해 모래사막에 이런 풍경을 만들어 내다니. 나오는 길에 세스럼 협곡에 들렀으나 찌는 듯한 사막 날씨에 일행들이 모두 지쳐 입구만 둘러보고 안타깝게 발걸음을 돌려야 했다. 자연의 힘이란 경이롭다. 이런 신비로운 곳을 어떻게 알고 관광 상품화했을까? 일몰 시각에는 게임 드라이브를 하며 하루를 마무리했다.

광활한 풍경과 작은 해프닝, 사막에서의 나날들

6일 차에는 이동 중 천적을 피하기 위해 아래로 입구를 만든 독특한 모양의 새 둥지를 구경했다. 이후 애플파이로 유명한 휴게소에 들러 애플파이를 먹고, 점심시간쯤 숙소에 도착했다. 숙소에서 쉬다가 해 질 무렵이 되어 사막 전문가와 함께 사막 투어를 했다. 사막 전문가의 익살스럽고 재치 있는 언변으로 즐겁게 사막의 다양한 모습을 즐겼다.

그리고 마침내, 모래 언덕 너머로 천천히 떨어지는 붉은 해를 마주했다. 황홀한 모습이었다. 아프리카의 일몰은 광대한 자연 때문인지, 살고 있는 삶들에 대한 편견 때문인지 더 아름다워 보였다.

7일 차 아침, 부시먼 캠프사이트에서 맞이한 일출은 고요하고 장엄했다. 하루가 시작되자 우리는 그날의 목적지인 스와코프문트를 향해 출발했다. 길을 따라 달리다 남회귀선 표지판 앞에서 잠시 내려 단체 사진을 찍고, 도로 건너편의 풍경도 구경하며 여유를 부렸다.

그런데 순간, 우리 트럭이 조용히 출발하는 것이 아닌가! 뒤늦게 눈치채고 일행 모두가 허겁지겁 트럭을 향해 달려갔다. 다행히 무사히 올라탈 수 있었지만, 한순간도 방심할 수 없는 것이 여행이고, 어쩌면 우리의 인생도 그렇지 않을까 싶었다. 짧은 해프닝이었지만 두고두고 기억에 남을 순간이었다.

8일 차는 스와코프문트에서 액티비티를 하는 날이었다. 선택 옵션이라 난 쿼트바이크를 탔다. 사막의 모래 언덕에서 타는 것이라 스릴 있고 풍경이 좋았다. 푸른 대서양을 보면서 모래사막을 달리니 기분이 좋았다. 해질녘에는 해변으로 가서 일몰도 보고 저녁에는 함께한 여행객과 식당에서 현지인의 민속 공연을 보면서 저녁을 먹었다. 이런 즐거움을 느낀 순간은 얼마나 될까? 앞으로 남은 생은 더 즐거운 마음으로 살아야겠다.

야생의 숨결을 따라, 에토샤에서 디분두까지

9일 차에는 스와코프문트를 떠나 암벽화와 나무화석이 있는 국립공원을 구경했다. 이동을 많이 하는 날이지만, 중간에 야생동물을 보면 지루함을 달랬다.

10일 차에는 에토샤 국립공원에 도착했다. 점심을 먹은 뒤 오후에는 게임 드라이브에 나섰다. 이날부터 2박 3일 동안은 에토샤 국립공원에 머물며 야생동물을 관찰했다. 건기라 그런지 물을 마시기 위해 워터홀에 모여드는 동물들을 쉽게 볼 수 있었다. 누가 시키지 않아도 순서대로 와서 물을 마시고 가는 자연의 섭리에 저절로 고개가 숙여진다.

12일 차에는 에토샤 국립공원의 서쪽, 오카우쿠에조 리조트에서 동쪽 나무토니 리조트로 이동했다. 아침에는 새로 합류한 일행을 기다리며 오카우쿠에조 워터홀에서 야생동물을 관찰했고, 점심을 먹은 뒤에는 다시 게임 드라이브를 하며 나무토니로 향했다. 나무토니 워터홀에서 바라본 석양은 하루의 피로를 잊게 해 줄 만큼 아름다웠다.

13일 차, 에토샤 국립공원 나무토니를 떠나 디분두로 이동했다. 스와코프문트에서 4명, 에토샤에서 6명이 새롭게 합류하면서 트럭은 만석이 되었다. 국립공원을 벗어나자 언제 그곳이 야생의 땅이었냐는 듯 동물들은 자취를 감추고, 다시 아스팔트 길과 평범한 들판이 이어졌다.

바오밥 나무 안내판을 지나고, 부시먼 마을에서 과일을 사 먹고 기념품을 구경하는 시간도 가졌다. 그렇게 500km를 달려 도착한 디분두는 강변이 내려다보이는 아름다운 장소였다. 수영도 하고 석양도 즐기면서 차량에서 쌓인 여독을 풀었다. 강변에 텐트를 치니 전망은 좋으나 모기가 극성이었다.

오카방고 투어와 사파리 야생 체험

마운에서는 선택 옵션으로 오카방고 델타 경비행기 투어를 했다. 하늘에서 내려다본 야생은 그야말로 장관이었다. 개미처럼 움직이는 버펄로의 대이동 모습도 보였고, 건기라 희미하게 남은 강줄기를 따라 광활한 초원이 펼쳐졌다.

15일 차, 경비행기 투어를 마치고 마운에서 사파리용 지프차를 타고 전기도 없는 '진짜' 야생 체험을 하러 오카방고 델타 투어에 나섰다. 2박 3일 일정이었다. 완전히 개방된 사파리 차량은 뜨거운 바람을 그대로 맞으며 달려야 했고, 그 바람은 마치 우리를 미라로 만들어 버릴 듯한 열기를 품고 있었다.

5시간 이상 비포장도로의 덜컹거림 또한 견디기 힘들었지만,

가끔 나타나는 동물들에 즐거움을 느꼈다. 작은 통통배인 모코로를 타고 작은 수로를 지나가면서 코끼리와 물에 살고 있는 야생 동물들을 보았다.

하지만 트럭 투어도 종반으로 넘어가니 체력의 한계가 느껴졌다. 푹푹 찌는 한낮의 사막 기온은 나무가 말라가듯 사람도 미라로 만들 것처럼 느껴졌다. 오전 오후 모두 게임 드라이브에 참석한 사람이 많지 않았다. 체력의 중요성을 다시 한번 느꼈다. 하지만 그러면서도 야생 사자를 이렇게 가까이서 관찰할 수 있다는 사실은 그 자체로 경이로웠다.

보츠와나 오카방고 델타에서의 마지막 날. 너무도 더워서 정말 힘들었지만, 동시에 이 자연 속에서의 체험이 끝나간다는 아쉬움도 함께였다. 너무 편안한 생활에 익숙해져 한낮의 더위를 아무것도 없는 자연 그대로의 상태에서 견디는 것은 정말 힘들었다. 이제 아쉬움과 후련함을 함께 느끼면서 보츠와나 오카방고 델타를 떠나는 날이다. 아침 일찍 먹고 아침 게임 드라이브를 위해 길을 나선다. 그러던 중, 정말 믿을 수 없는 행운이 찾아왔다. 어린 코끼리를 사냥하려는 사자를 보게 되었다. 사자 5마리를 제압하는 엄마 코끼리의 모성도.

나타 호수와 초베강의 여운

18일 차, 나타 롯지에서 새벽 6시에 출발해 나타 호수로 향했

다. 우기에는 이곳에서 펠리컨과 홍학을 볼 수 있다고 했지만, 건기인 지금은 호수가 아니라 말 그대로 사막이었다. 새들과 야생동물만 잠깐 보고 돌아온 짧은 투어였다. 광활한 호수 위를 유유히 떠다닐 홍학의 모습을 상상하며, 조금은 아쉬운 발걸음을 옮겼다.

　아프리카 트럭 투어도 막바지에 다다랐다. 너무 열심히 달려 몸도 마음도 피곤하다. 일찍 숙소에 도착하여 점심을 먹고 쉬다가, 오후 3시가 넘어 쇼핑을 하고 초베강 선셋 보트 크루즈에 참여했다. 강변에서 살고 있는 다양한 동물들을 보며 보트를 타고 여유로운 시간을 보냈다. 해 질 녘 일몰을 보면서 보트 위에서 맞는 시원한 강바람과 여유로운 시간이 좋았다. 새, 코끼리, 악어, 하마 등 강에 기대어 살고 있는 많은 생명을 보았다. 생명에게 물이 얼마나 소중한지 아프리카 트럭 투어를 하면서 절실히 깨달았다.

5,647km의 여정, 트럭 투어의 마지막 날

19일 차, 케이프타운에서 시작된 긴 트럭 투어의 마지막 날, 드디어 짐바브웨의 빅토리아 폭포에 도착했다. 새벽에는 선택 관광으로 45달러를 지불하고 초베 게임 드라이브를 할 수 있었지만, 그동안 충분히 야생을 체험한 데다 피로도 누적되어 숙소에서 여유로운 아침을 보내기로 했다. 10시경 브런치를 먹고, 빅토리아 폴스를 향해 출발했다.

보츠와나를 출국하고 짐바브웨로 입국하는 과정은 예상보다 시간이 오래 걸렸다. 단체 여행객이 한꺼번에 몰린 데다, 모든 절차를 손으로 써서 처리하고 있어 입국 비자를 받는 데만 2시간 넘게 소요되었다. 오후 3시 가까이 되어 빅토리아 폴스 숙소에 도착했고, 간단히 수영하며 휴식을 취한 후, 4시에는 선셋 크루즈(50달러)를 하러 나섰다.

기대했던 것만큼 선셋은 멋지지 않았지만, 고요한 잠베지강을 누빌 수 있다는 것은 좋았다. 일행들과 같이 마지막 저녁을 먹으면서 아프리카 트럭 투어가 끝나고 있었다.

우리는 남아프리카공화국 케이프타운을 출발해 짐바브웨 빅토리아 폴스까지 19박 20일(2024.8.31~9.19), 총 5,647km의 거리를 달렸다. 처음에는 12명으로 시작했지만, 여행 중 2명이 부상으로 이탈하고, 스와코프문트에서 4명, 에토샤에서 6명이 합류해 최종 20명이 함께 빅폴까지 도착했다.

아프리카는 생각보다 훨씬 넓었고, 대중교통이 거의 없어 긴 거리의 이동은 트럭 투어가 아니면 쉽지 않았다. 점프 아프리카를 통해 진행된 노메드 아프리카 트럭 투어는 남부 아프리카 여행의 좋은 선택지였다. 숙소, 이동, 식사, 관광지를 고민할 필요 없이 코스에 따라 경험을 쌓을 수 있었고, 무엇보다 경험 많은 가이드와 요리사가 있어 든든했다.

이번 여행을 통해 나는 다시금 체력의 중요성을 깨달았고, 외국인들과의 생활 속에서 영어의 실전 감각이 얼마나 중요한지도 절실히 느꼈다. 다양한 외국인들과 만나고, 아프리카의 야생을 보는 등 지금까지 경험하지 못한 색다른 여행이었다. 함께했던 20일은 육체적으로 쉽지 않았지만, 정신적으로는 평생 잊지 못할 나날이었다.

빅토리아 폴스의 마지막 조식을 마치고, 우리는 각자의 여정을 향해 흩어졌다. 케냐와 우간다로 트럭 투어를 이어 가는 이도 있고, 고국으로 돌아가는 사람도 있었다. 우리는 13일 동안 더 머물며 빅폴 주변을 천천히 둘러보고, 휴식과 에너지를 재충전한 후 남미로 떠날 예정이다.

각자의 길 위에서 다시 이어질 여행. 모두의 여정에, 파이팅!

빅토리아 폭포

9.19~10.3

짐바브웨와 잠비아, 양국에서 마주한 빅토리아 폭포

　빅토리아 폭포는 짐바브웨와 잠비아 두 나라의 국경에 있다. 우리는 아프리카 트럭 투어의 종착지였던 짐바브웨 빅토리아 폴스에서 폭포를 처음 마주했다. 입장료는 50달러. 아침을 챙겨 먹고 7시가 되어 폭포 입구에서 입장권을 사고 들어섰다.

　건기라 수량이 적었지만, 입구에서부터 폭포 소리가 웅장하게 들려왔다. 단, 기대가 너무 컸던 탓일까. 실제로 마주한 빅토리아 폭포는 상상 속 거대한 벽과 같은 물줄기보다는 다소 소박한 느낌이었다. 우의를 챙기라는 말도 있었지만, 건기에는 필요 없었다.

　하지만 눈앞에 펼쳐진 장대한 협곡과 떨어지는 물의 높이, 그리고 우기 때의 모습을 상상하니 입이 벌어졌다. 3시간 정도 주변을 천천히 걸으며 빅토리아 폭포에 푹 빠졌다.

트럭 투어 종료 후 짐바브웨 빅폴스에서 3박을 보내고, 우리는 잠비아 리빙스턴으로 국경을 넘어 걸어서 이동했다. 선선한 아침 공기를 마시며 빅폴스 다리를 다시 건너니, 전날에는 멀게만 느껴졌던 길이 훨씬 짧게 느껴졌다. 중간중간 번지 점프를 하는 사람이 있을까 눈여겨봤지만, 아쉽게도 이틀 연속 아무도 없었다. 다리 아래로 100m 넘는 협곡을 내려다보며 조심스럽게 지나쳤다.

잠비아 국경은 비자를 확인해야 해서 좀 기다렸다. 국경을 넘어 국립공원 안에 있는 로열 리빙스턴 호텔에 들어가니 잠베지강의 멋진 풍경과 기린과 스프링복, 하마, 코끼리 등 사파리를 구경하는 것 같았다. 악마의 수영장 보트 타는 곳까지 구경하고 나니 11시가 넘어 날도 더워져 지나가는 택시를 타고 리빙스턴에 왔다. 요금은 5달러가 들었다.

그리고 마침내 망설이던 '악마의 수영장(Devil's Pool)' 체험을 결심하게 되었다. 가격이 만만치 않았다. 아침 프로그램은 125달러, 점심은 무려 200달러. 처음엔 주저했지만, 갔다 온 사람은 모두 좋았다고 했기에 용기를 내기로 했다.

다녀온 소감은, 말 그대로 돈값을 했다. 단순히 수영장에만 가는 것이 아니라 보트를 타고 가서 상단에서 빅폴을 감상하고 사진 찍고 아침을 먹고 다시 보트를 타고 돌아온다. 정말 이곳에서

만 가능한, 세상에 둘도 없는 특별한 경험이었다.

여행의 끝, 리빙스턴에서 마주한 따뜻한 일상

아프리카 여행의 종착점은 잠비아의 리빙스턴이었다. 남미로 가는 비행시간이 남아 물가도 싸고 휴식하기 좋은 리빙스턴 폴티 타워(Fawlty Tower) 호텔에서 휴식을 취했다. 매일 아침이면 데이비드 리빙스턴 중학교에 찾아가 학생들과 소통하려고 노력하면서 학생들의 표정을 담아 보았다. 순박하고 활발한 학생들의 표정이 보여, 잠비아의 미래가 기대되었다. 학생들을 찍은 사진을 주기 위해 인화를 했는데, 인화지도 좋지 않고 프린트도 옛날 것이라서 색상이 제대로 나오지 않아 안타까웠다.

리빙스턴의 일상도 구경했다. 일요일 성당에도 가 보고, 주민들이 살고 있는 마을 속으로 산책도 했다. 리빙스턴은 다른 지역에 비해 물가도 싸고 치안도 안전하고 좋다. 하지만 단점이 하나 있다. 우리가 지내는 9월 말은 건기라 날씨가 매우 더운데 전력

사정이 좋지 않아 하루 중 절반은 정전된다는 것이다. 그래도 숙소에 수영장이 있어 견딜 만하고 와이파이는 되니까 있을 만했다.

리빙스턴 여행 10일째에는 리빙스턴 박물관 주최 전통문화 및 시 낭송 경연대회가 있어 참관했다. 박물관 주최로 이런 행사를 한다는 것이 신기했고 참여 학생들이 너무나 열심히 하여 애처로운 마음이 들었다. 열악한 상황에서도 열심히 노력하는 모든 사람들, 파이팅! 잠비아의 밝은 미래를 기대해 본다.

퇴직한 김에
남미

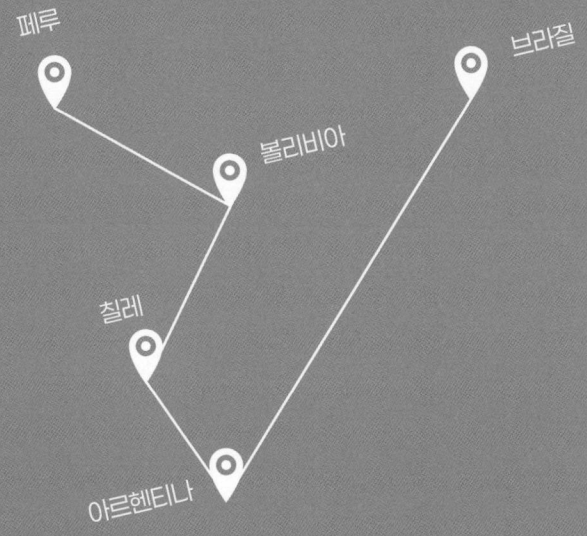

페루
볼리비아
브라질
칠레
아르헨티나

페루
10.4~11.10

빙하가 만든 에메랄드, 파론 호수

페루 여행 자료를 검색하다 보니 와라즈가 '페루의 스위스'로 불린다는 걸 알게 됐다. 와라즈에는 다양한 트레킹 투어가 있었다. 69호수 트레킹, 파론 호수, 산타크루즈 3박 4일, 와이와시 7박 8일 트레킹 등…. 무엇이 좋을까. 15일 정도 머물 예정이라 어떤 트레킹을 할지 고민이 되었다. 그래서 첫날은 긴 비행과 버스 이동으로 쌓인 피로를 풀기 위해 휴식하면서 트레킹 정보를 알아보기로 했다.

남미 여행의 첫 목적지는 트레킹의 천국, 와라즈. 경치가 아름답기로 유명한 파론 호수에 다녀왔다. 10월 6일에 숙소에서 투어

　를 찾아보니 와이와시 트레킹은 다음 날인 10월 7일에 가능하다고 해서, 6일에는 70솔을 지불하고 파론 호수 투어를 신청했다.

　아침 7시에 픽업이 시작됐지만, 일행을 모두 태우고 출발한 건 8시쯤이었다. 와라즈 시내를 빠져나가는 데도 한참 걸렸고 길도 꽤 멀었다. 열심히 달려 도착한 곳은 10시 무렵의 아침 식당. 식사를 마치고 잠시 쉬었다가, 10시 30분쯤 다시 출발했다.

　본격적으로 비포장도로를 힘겹게 올라갔다. 산자락에 옹기종기 모여 있는 마을 길을 올라가 입장료를 받는 지점을 넘어서면서부터는 정말 울퉁불퉁한 산길을 지그재그로 올라야 했다. 12시가 다 되어 호수 입구에 도착했고, 가이드는 2시까지 버스로 돌아오라고 안내했다. 열심히 올라가 구경하고 바쁘게 내려와 다시 구경하고 2시에 맞추어 내려갔더니 우리밖에 없었다. 결국 2시 30분이 넘어서야 출발할 수 있었다.

점심을 먹는 데 시간이 걸렸고, 중간에 아이스크림 가게에도 들렀다. 와라즈로 돌아오는 길에는 도로 정체까지 겹쳐 예정보다 2시간이나 늦은 7시 30분에 도착했다. 긴 이동 시간에 비해 호수에서 보낸 시간이 짧아 아쉬웠지만, 빙하가 만든 에메랄드빛 호수는 언제 보아도 마음이 편안해질 것 같은, 그야말로 힐링되는 장소였다.

안데스산맥 속의 찐 야생, 와라즈 와이와시 트레킹

와라즈에서 가장 유명한 와이와시 트레킹 코스는 우리나라에는 아직 잘 알려지지 않았지만, 현지에서는 손꼽히는 트레킹 코스다. 총 7박 8일간 진행된다. 이 코스와 투르 뒤 몽블랑 코스를 비교해 보면, 7박 8일 동안 빙하산을 중심으로 한 바퀴 도는 것은 비슷하다.

그러나 투르 뒤 몽블랑이 산장(산장 예약이 힘들고 야영은 장비가 무겁고)을 중심으로 자기 짐을 지고 2,000m 높이를 오르락내리락한다면 와라즈 와이와시 트레킹은 당나귀가 모든 짐을 지고 요리사와 진행팀이 숙식을 준비해 주어 편하며, 완전 산속 야생에서 4,000m 높이를 오르락내리락하는 트레킹이었다.

투르 뒤 몽블랑이 알프스산맥의 유럽 마을들을 중심으로 문명과 자연을 넘나들면서 여유롭게 자연을 즐길 수 있다면 와라즈 와이와시 트레킹은 인간의 삶과 동떨어진 안데스산맥 속의 '찐' 야생을 즐기는 트레킹이었다.

고산병이 걱정되었지만 천천히 이동하고 물도 많이 마셔 괜찮았다. 일행 중 일부는 첫째 날과 둘째 날에 고산병 증세를 보였으나, 시간이 지날수록 괜찮아졌다. 또한 힘들 경우 '당나귀 드라이브'라고 불리는 말을 탈 수 있어 힘든 구간을 통과할 수 있었다. 비용 면에도 투르 뒤 몽블랑보다 아주 쌌다. 여러 여행사를 비교해 보고 10월 8일 출발하는 트레킹을 1,650솔(입장료 280솔 포함)에 예약했다.

새벽 4시에 호텔에서 픽업하여 다양한 국적의 외국인 9명을 태워 출발했다. 2시간 정도 달려 제법 큰 마을에 도착한 후, 식재료 등 필요한 물품을 사고, 이어서 비포장도로를 1시간 30분 정도 험한 산길을 달려, 아침 식사를 할 마을에 도착했다.

빵으로 간단하게 아침을 먹고, 다시 산속으로 들어가 당나귀에 7박 8일 동안 먹을 음식과 텐트, 우리들의 짐을 싣고 11시가 넘어 트레킹에 나섰다. 처음부터 오르막을 아주 힘들게 올랐다. 고산 적응도 되지 않았는데, 오르막을 오르니 너무 힘들었다. 그럼에도 당나귀들은 무거운 짐을 가득 싣고도 얼마나 잘 올라가는지.

와이와시 트레킹은 페루 안데스산맥의 절경을 대표하는 코스 중 하나다. 빙하로 덮인 산봉우리들과 여기저기 숨어 있는 크고

작은 호수들, 웅장한 바위 능선이 어우러져 있다. 보통 6일, 8일, 12일 등 다양한 일정으로 가장 높은 산인 예루파자를 비롯한 산군들을 한 바퀴 도는 것으로 이루어져 있는데, 우리는 많은 사람이 간다는 8일 트레킹을 했다. 매일 1,000m 이상을 오르내리는 힘든 산행이었지만, 눈앞에 펼쳐지는 놀라운 광경들이 그 힘든 산행을 이어 가게 했다.

트레킹 2일 차, 첫날과 달리 빙하 호수와 빙하들이 많아 사진을 많이 찍으며 걸었다. 10월은 우기가 시작되는 시기라, 대체로 오전에는 날씨가 좋고 오후에는 비가 조금 내렸다. 고봉들은 늘 구름 모자를 쓰고 있었다. '갈색 들판이 초록으로 바뀐다면 얼마나 아름다울까?' 생각하며 걸었다. 수목한계선을 넘은 해발 4,000m 이상의 고산 지대를 걷다 보니 가끔은 숨쉬기 힘들기도 했지만, 이런 길을 걷고 있다는 사실에 감탄이 절로 나왔다.

트레킹 3일 차, 빙하 호수 세 곳의 전망을 감상하고, 해발 4,800m 고개를 넘는 날이다. 이제 매일 1,000m 이상 오르내리니 고산증은 큰 어려움 없이 극복한 것 같다. 큰 호숫가에서 하룻밤을 보내고, 호수를 돌아 오늘의 트레킹 일정이 시작되었다. 오늘은 아름다운 호수들을 구경하는 날이다. 하나의 호수를 구경하고 또 엄청난 오르막을 오르면, 또 다른 호수가 나타나는, 정말 빙하 호수와 함께한 트레킹이었다.

세 개의 빙하 호수를 보는 곳까지도 힘들게 올라갔지만, 호수가 주는 시원한 경관에 눈이 너무 행복했다. 호수와 빙하를 함께 바라보며, 흘린 땀을 식히는 힐링의 시간을 가졌다. 이제는 다 올라왔다고 생각했는데, 산모퉁이를 돌아 또 가파른 오르막이 기다리고 있었다.

'희망 고문'이라는 단어가 생각날 정도로, 이 땀의 끝에도 보상이 있을 것으로 생각하며 열심히 걸었다. 고산이라 조금만 걸어도 숨이 찼지만, 헐떡이며 올라간 4,800m 고개에서 보는 고봉과 빙하, 풍경이 좋은 고개에서 스틸 텅드럼 연주까지 감상하니 행복한 시간이 되었다.

빙산을 보면서 큰 고개를 올라, 멋진 빙하 호수를 보는 날이다. 와이와시 트레킹은 7박 8일 동안 와이와시 산군을 한 바퀴 도는 서킷으로 4,000m에서 5,000m 사이를 하루에 1,000m 정도 오르내리며 총 90km를 걷는 것이다. 인간이 살지 않는 수목한계선 위를 걷는 것이라 고산증을 극복해야 하고, 먹는 것과 자는 것을 스스로 해결해야 하기 때문에 투어사의 트레킹 팀으로 가는 것이 일

반적이다.

　트레킹 팀으로 가면 가이드와 요리사, 짐을 운반할 당나귀가 있어 여행객은 편하게 걷기만 하면 된다. 우리 팀은 다국적 여행객 9명, 가이드, 요리사, 당나귀 꾼 2명, 당나귀 10마리, 말 2마리가 한 팀이 되어 8일 동안 열심히 걸었다. 4일 차는 계곡 옆에 텐트를 설치했다. 아프리카 트럭 투어는 직접 텐트를 설치하고, 식사 후엔 설거지도 해야 하는데 와이와시 트레킹은 모든 것을 준비해 주기 때문에 편하다.

　5일 차에는 트레킹을 시작한 이후 처음으로 사람이 살고 있는 마을에 위치한 캠프 사이트에 가는 날이다. 이곳은 5일 동안 하지 못했던 샤워를 할 수 있고 와이파이 사용과 핸드폰 충전을 할 수 있는 곳이다. 물론 비용은 지불해야 하지만, 텐트를 벗어나 호텔을 선택할 수 있어 50솔을 주고 5일 만에 침대에서 잠을 잤다.

아주 산골 마을이라 시설은 매우 열악했다. 말이 호텔일 뿐, 미지근한 물로 샤워할 수 있었고, 와이파이랑 충전을 빼면 텐트랑 별반 다를 게 없는 숙소였다. 양철 지붕에 쏟아지는 빗소리는 정말 듣기 좋았다. 트레킹 중에는 전기 충전을 할 수 없으니, 5일 동안 사용할 수 있는 보조배터리를 준비해야 한다.

일정이 중반을 지나면 체력적인 부담이 가중되니 관리도 필요하다. 4,000m 고지를 걷는 트레킹이라 중도에 탈출하기가 어렵고, 헬기를 부를 수밖에 없는 곳이 많다. 하지만 고산증만 없으면 무거운 것은 당나귀에게 맡기고 최소한의 물과 추위에 대비한 옷만 배낭에 메고 다니면 된다. 그래도 힘들면 '당나귀 드라이브'라 불리는 말을 타면 편하게 진행할 수 있다.

6일 차에는 밤새 양철 지붕을 두드리던 빗소리도 아침이 되자 그치고, 하늘은 산뜻하게 개어 파란 빛을 보여 주었다. 봄이 오는 파릇파릇한 초록의 마을을 지나고 고개를 넘어 또 다른 호수를 감상하며 걸었다. 전망 좋은 고개에 앉아 일행이 부는 악기 소리와 새소리를 듣고, 아무 생각 없이 걷다 보면 절로 힐링이 되었다.

트레킹이 7일 차로 접어드니 체력은 많이 떨어지고, 새로운 풍경에도 감흥이 덜했지만, 끝이 보인다는 생각에 마음을 다잡고,

즐거운 마음으로 트레킹에 나섰다. 아침 하늘이 맑게 빛나니 걸음이 가벼워졌다. 오늘도 힘겹게 고개를 올라서 캠프 사이트가 보이는 멋진 뷰포인트에서 한참을 쉬다가 내려갔다.

그런데 잠시 뒤 흩날리기 시작한 눈발이 점점 굵어졌다. 강풍과 추위에 발걸음이 저절로 빨라졌다. 내려가는 길은 언제나 지루했다. 눈에는 보이는데 거리는 좀처럼 줄어들지 않으니, 마음만 조급해졌다. 점심을 먹고 캠프 사이트 위쪽에 있는 빙하호로 갔다. 위로 가야 한다는 가이드의 말을 믿고 너무 일찍 올라가 1시간 가까이 헤메다가 비 내리는 가운데 무지개가 떠 있는 빙하호를 구경했다.

마침내 와이와시 트레킹 마지막 날이다. 아침 일찍 일어나 주변 사진을 찍고 길을 나선다. 오르막을 올라 고개에 서고, 다시 내려가면 오늘 일정은 끝난다. 그렇게 7박 8일의 긴 여정도 마무리된다. 아쉬움도 있지만 또 하나를 이루었다는 성취감에 기쁘다. 8일 전 출발했던 마을에 도착해 점심을 먹은 뒤, 차를 타고 와라즈로 돌아왔다.

안데스 야생의 산속에서 보낸 8일이 꿈처럼 지나갔다. 오를 때는 힘들었고 내려올 때는 지루했지만, 순간순간이 만감이 교차하는 즐거운 경험이었다. 안데스산맥에 푹 빠져 다국적 여행객들과 멋진 경치를 즐길 수 있어 행복했다. 트레커 9명, 지원 4명, 총 13명과 당나귀와 말 12마리가 하나 되어 함께한 시간은 내 생애 또 하나의 멋진 추억이 되었다. 앞으로 모두의 삶에 행복이 가득하길….

츄룹 호수와 69호수

와라즈 와이와시 트레킹을 마치고, 와라즈 식당에서 함께한 여행객들과 마지막 저녁을 먹고 헤어졌다. 숙소에서 이틀간 휴식을 취하고, 가볍게 다녀올 수 있다는 츄룹 호수에 다녀왔다. 역시 올라가는 길은 힘들었지만 경치는 좋았다. 와이와시 트레킹 길에서 본 수많은 호수에는 미치지 못했지만, '언제 이런 길을 다시 걸어볼 수 있을까?'하는 생각을 하면서 눈앞에 펼쳐진 멋진 풍경에 흠뻑 빠진 날이었다.

페루 트레킹의 명소, 와라즈에서 제일 유명한 69호수를 마지막 날에 갔다. 역시 명불허전이

었다. 고산지대를 많이 걸어야 해서 대부분의 사람들이 힘들어했지만, 우리는 와이와시 트레킹을 이미 마친 상태라 비교적 수월하게 올라갔다. 물빛은 파론 호수가 더 좋았으나, 전체적인 전망은 역시 69호수가 압도적이었다. 69호수 트레킹을 마치고, 예약해 둔 쿠스코로 가는 비행기를 타기 위해 야간버스로 리마로 이동했다.

시내버스에서의 해프닝

와라즈에서 밤 버스를 타고 리마로 왔다. 리마 버스터미널에서 공항으로 향하는 시내버스에서 휴대폰을 소매치기당했다. 표적으로 삼고 훔쳐 가려는 데에는 속수무책이었지만, 산속에 있다가 시내에 오면 주의해야 한다는 것을 잠시 잊었던 것 같다. 망연자실 그 자체였다.

예전에 아프리카 탄자니아 모시에서도 오토바이 날치기로 여권과 카드, 현금 등 중요 물품이 든 가방을 도난당한 적이 있는데 또 한 번 시련이 찾아온 것이다. 그래도 여행은 계속되어야 하기에 정신을 차리고, '이가 없으면 잇몸으로'라는 생각으로 다음 여행지인 쿠스코행 비행기에 올랐다.

신용카드는 재발급을 신청해 한인 민박인 '쿠스코 이모네'에서 받았다. 든든한 지원군을 얻은 셈이다. 다음 날에는 볼리비아 비자를 받고, 쿠스코 시내를 돌아보며 마음을 추슬렀다. 다음 여행지는 마추픽추였다. 쉽게 갈 수 있는 차와 기차 대신, 잉카문화를 조금이라도 느껴 보고 싶어 힘들지만 걸어서 이동하는 4박 5일의 살칸타이 트레킹을 선택했다.

마추픽추로 가는 길, 살칸타이 트레킹

세계 7대 불가사의 중 하나인 잃어버린 공중 도시 마추픽추, 쿠스코에서 마추픽추 가는 길은 다양하다. 잉카 트레일로 가고 싶었지만, 예약이 어려워서 페루에서 하는 또 하나의 트레킹인 마추픽추로 걸어가는 4박 5일 코스의 살칸타이 트레킹을 선택했다. 비용은 350달러가 들었다. 우리는 마추픽추 입장표가 없어 현장에서 구매해야 했고, 마추픽추의 베이스캠프인 아우아스칼리엔테

스에서 하루를 더 머물기로 했다. 그렇게 5박 6일 일정의 마추픽추 여행이 되었다.

　새벽 4시에 픽업되어 2시간 정도 이동 후 아침을 먹고, 또 30분 정도를 달려 트레킹 출발지에 도착했다. 산행 준비를 하고 동행자들과 간단히 자기소개를 나눈 뒤 트레킹을 시작했다. 일행은 각국에서 모인 14명, 우리 부부를 빼고는 모두가 20대였다. 간단한 준비 운동과 설명을 듣고 1시간 정도 오르막을 오른 뒤, 2시간 정도 평지 길을 걸으면 오전 일정은 끝이다. 오후엔 캠프 사이트에 도착해 점심을 먹고 우만타이 호수에 갔다 오는 일정이다. 올라갈

때는 힘들었으나 수로를 따라 걷는 평지 길과 눈앞에 펼쳐진 설산 전망이 좋았다. 젊은 일행들 모두 오르막을 잘 올라갔다.

　살칸타이 트레킹에서 가장 힘들다는 2일 차 일정이 시작되었다. 이날은 오르막 7km를 올라 가장 높은 4,630m 살칸타이 고개를 넘어 내리막 17km를 가야 한다. 즉 총 24km나 걸어야 한다. 그래도 무거운 짐은 당나귀에게 맡기고 가이드의 잉카 문화, 역사에 관한 설명을 들으며 걸었다.

　날씨가 화창하게 좋아 아름다운 빙산과 주변 경치를 감상하며 올라가니 걱정했던 것보다는 편하게 진행되었다. 오르막은 너무 힘들었지만, 고개 주변에 펼쳐진 풍경이 너무 좋았다. 정상에서는 가이드와 함께 잉카의식으로 안전 산행을 기원하며, 휴식을 취했다. 이후 급경사를 내려오는데 오후에는 비까지 내려 더 힘들었

다. 하루에 고산지대를 24km나 걷는 일은 쉽지 않았다.

밤새 내리던 비는 아침까지 계속 내렸다. 새벽 5시에 일어나 아침을 먹고 간단히 운동을 한 후 출발했다. 이날은 내리막과 평지 위주로 갈 거라 하더니, 웬걸 계곡을 따라 오르락내리락하는 길이었다. 비가 온다고 하여 비옷을 입었더니 비는 그치고, 오르막을 오를 때는 어찌나 더운지…. 가이드가 나무 열매로 모두의 얼굴에 잉카인처럼 분장을 해 주었고, 구불구불 계곡을 따라 흐르는 물소리를 들으며 걷는 길은 행복했다. 폭포도 만나고 계곡 길을 지났다. 커피 체험을 하고 온천도 다녀왔다. 신나는 경험이 가득한 3일 차 트레킹이었다.

살칸타이 트레킹 4일 차. 원래는 걸어서 마추픽추까지 갈 계획이었지만, 일행 중 일부는 다음 날 마추픽추 입장권을 현지에서 구입해야 했고, 또 트레킹이 힘들다며 절반 정도는 차로 이동하겠다고 했다. 결국 우리도 어쩔 수 없이 함께 차를 타기로 했고, 이동 비용은 1인당 30솔이 들었다.

새벽 4시에 캠프사이트를 출발해 차를 타고 기차역이 있는 곳에 도착한 시각은 5시 20분쯤. 점심 도시락을 받아 들고, 마추픽추까지 이어지는 10km의 기찻길을 걸었다. 이왕 이렇게 된 김에 우리도 부지런히 걸어가서 다음 날 입장할 마추픽추 입장권을 미리 사기로 했다. 오전 7시가 조금 넘어 아구아스칼리엔테스에 도착했고, 대기번호 418번과 419번을 받아 오후 5시가 다 되어서야 다음 날 오후 2시 입장 가능한 서킷 2표를 구입할 수 있었다.

마추픽추 가는 날 오전은 푹 쉬고 천천히 준비를 마친 우리는 11시 30분쯤 든든하게 점심을 먹은 후, 마추픽추를 향해 기찻길을 따라 다시 걷기 시작했다. 등산로 입구에 도착한 후에는 본격적인 오르막이 이어졌고, 마추픽추까지 천천히 걸어 올라갔다.

살칸타이 트레킹 4박 5일의 마지막 하이라이트는 바로 잃어버린 공중 도시, 마추픽추였다.

4일째에 입장권을 사서, 5일째 오후 2시에 마추픽추에 입장했다. 전날 오락가락하던 비로 걱정이 많았지만, 다행히 당일은 하늘이 활짝 개었다. 마추픽추 입구에 도착한 시각은 13시 30분. 13시 입장객은 모두 들어간 뒤였고, 14시 입장객은 거의 없어 입구는 한산했다. 직원에게 조금 일찍 들어가고 싶다고 말했더니, 표를 맡겨두고 먼저 입장할 수 있게 도와주었다.

천천히 걸어가다 보니 드디어 보이는 마추픽추. 위대한 유산이 주는 감동은 형언할 수 없었다. '마추픽추를 이렇게 실제로 볼 수

있는 날이 오는구나!' 이렇게 화창한 햇살 아래 빛나고 있는 마추픽추를 내 눈으로 직접 보다니 벅찬 감격이 밀려왔다.

올라가는 틈틈이 사진을 찍고, 감동과 여운을 오래 간직하고자 천천히 쉬엄쉬엄 마추픽추를 둘러보았다. 야마와 이름 모를 빨간 꽃들이 군데군데 피어있어 분위기는 훨씬 더 좋았다. 마치 수 세기 전 잉카인이 되어 삶의 터전을 돌아보는 듯한 마음으로 찬찬히 둘러보았다. 청동기 시대에 이루어진 유적이라고는 믿기 힘들 정도로 정교하고 짜임새 있었다. 왜 세계 7대 불가사의라 하는지 직접 눈으로 보니 이해가 되었다. 자연도 위대하지만, 그 자연을 이용할 줄 아는 인간의 위대함이란….

잉카 제국의 흔적, 성스러운 계곡 투어

성스러운 계곡 투어는 쿠스코에서 친체로(Chinchero), 모라이(Moray), 살리네라스(Salineras) 염전, 오얀타이탐보(Ollantaytambo), 피삭(Pisac) 잉카 유적지 다섯 곳을 하루 동안 차로 둘러보는 코스다. 가장 먼저 도착한 친체로에서는 알파카 쇼핑센터에 들러 잉카 문화에 대한 간단한 설명을 들은 뒤, 유적지로 이동했다. 넓은 마을 아래로 펼쳐진 잉카 유적지가 그들의 삶을 상상해 볼 수 있게 해 주었다.

다음으로 찾은 모라이는 원형 계단식 경작지로 유명하다. 가이드는 위쪽 전망대에서 설명을 마쳤지만, 실제로 아래까지 내려가 볼 수 있었다고 해서 더 아쉬움이 남았다. 단체 투어의 한계인지라 내려가고 싶은 마음을 접고 돌아설 수밖에 없었다.

이어서 도착한 살리네라스 염전은 좁은 계곡 사이에 흰색 소금밭이 촘촘히 펼쳐진 모습이 인상 깊었다. 높은 산속의 물이 소금이 된다는 사실이 그저 신기할 따름이다. 도대체 잉카인들은 어떻게 그런 원리를 알았던 걸까?

오얀타이탐보에서는 오르막길을 따라 유적지를 둘러보았다. 정상에 있는 태양의 신전에서 바라본 풍경이 특히 인상적이었다. 많은 이들이 이곳에서 마추픽추로 향하는 기차를 타는데, 우리는

아직 일정이 남아 있었다.

우리는 버스를 타고 1시간 30분 정도 더 달려 피삭 유적지로 향했다. 이곳 역시 오르막 커브 길을 따라 한참 달려 도착했다. 낭떠러지 산 전체가 계단식 경작지로 되어있는 큰 규모에 놀랐다. 잉카 제국은 정말 어마어마했던 것 같다. 곳곳에 남아 있는 유적지가 청동기인들의 삶의 흔적이라고 보기에는 상상 이상이었다. 그들이 남긴 유산의 거대함과 정교함을 온몸으로 느꼈다.

쿠스코 근교 투어

쿠스코 이모님의 추천으로 와크라푸카라(Waqrapukara)에 다녀왔다. 안데스산맥의 높은 산들의 풍경과 여기저기 언덕에서 풀을 뜯는 알파카와 양들은 보기 좋았으나, 꼬불꼬불한 산길은 버스를 타고 가도 힘들었다. 약 1시간 정도 걸어서 와크라푸카라 정상에 도착하여 잉카인의 삶의 흔적과 주변 경치와 계단식 경작지도 둘러보았다.

다음은 아우산가테 트레킹. 일곱 개의 호수를 하루에 둘러보는 코스로, 총 거리 약 14km, 왕복 5시간 정도 걸리는 일정이다. 경사가 완만하고 경치가 아름다워 트레킹하기 좋은 코스였다. 체력이 부족하면 말도 탈 수 있는데, 우리는 걸으며 일곱 개의 호수를 둘러보았고, 설산까지 어우러진 풍경은 그야말로 환상이었다.

쿠스코 이모네에서 숙박하는 한국인 일행들이 라레스 온천 1일 투어를 간다고 하여 피곤한 몸으로 우리도 따라갔다. 어제 갔던 와크라푸카라보다는 길이 좋았으나, 역시 편도 3시간의 힘든 산길이었다. 가는 곳에 잉카의 세 신(퓨마, 콘도르, 뱀)을 형상화한 전망대를 구경하는 것은 좋았으나, 역시 산허리를 구불구불 돌아가는 커브길은 힘들었다.

물 온도가 뜨거워 온천하기 좋았다. 한국인 일행들과 함께 어린 시절 야유회 기분으로 삼겹살도 구워 점심을 맛있게 먹고 왔다.

쿠스코 시내에서도 다양한 볼거리를 즐겼다. 박물관과 미술관, 주요 유적지에 입장할 수 있는 통합 입장권을 130솔에 구매해 시내 이곳저곳을 둘러보았다. 흩어져 있는 장소들을 찾아다니며 관람하는 재미가 쏠쏠했고, 예술과 역사를 두루 체험할 수 있는 시간이었다.

입장권으로 갈 수 있는 곳 중, 지난번에 가 보지 못했던 삭사이와망 유적지도 방문했다. 가는 길에 들른 산 페드로 시장에서는 현지식 닭칼국수를 먹었는데, 면은 우리가 아는 칼국수 같았지만

닭과 감자가 들어 있었고, 국물이 거의 없는 특이한 스타일이었다. 그래도 나름 먹을 만했다.

쿠스코에서의 20일은 쿠스코 이모네 한인 민박에서 머물며 참 알차게 보냈다. 살칸타이 트레킹, 와크라푸카라, 성스러운 계곡 투어, 비니쿤카, 라레스 온천, 그리고 일곱 개의 호수를 둘러보는 아우산가테 트레킹까지… 많은 관광객과 현지인이 모이는 대성당 앞 아르마스 광장에는 다양한 행사가 매일 진행되어 구경할 수 있으며, 고대인의 삶의 지혜와 흔적이 남아있는 잉카 돌담길을 걷고 또 걸었다. 쿠스코에서는 심심할 틈이 없었다.

무엇보다 반가웠던 건 한국 여행자들과의 만남, 그리고 오랜만에 맛본 이모님의 꿀맛 한식. 고된 일정 사이사이 따뜻한 밥 한 끼가 얼마나 위로가 되었는지 모른다. 이모님, 맛있는 음식 잘 먹고,

좋은 투어 많이 하고, 푹 쉬었다 갑니다. 항상 건강하세요.

　마추픽추 다음으로 쿠스코에서 가장 인기 있는 투어 중 하나, 무지개산 비니쿤카 투어(70솔 + 입장료 25솔)를 마지막 날에 다녀왔다. 새벽 4시 40분, 숙소에서 픽업을 받아 쿠스코 시내를 벗어나 아침 식사를 한 뒤 본격적으로 비니쿤카로 향했다. 포장도로를 한 시간 가까이 달리고, 이어 비포장 산길을 따라 다시 한참을 이동해 비니쿤카 입구에 도착했다.

　말을 탈 사람은 타고 가고, 우리는 걸어서 갔다. 평탄한 길이었지만, 고도가 높아서 그런지 꽤 힘들었다. 무지개산을 기대하면서 1시간 20분 정도 오르니 드디어 무지개산이 나타났다. 사진을 찍고 비니쿤카 꼭대기에 올라 무지개산을 감상한 뒤 다시 내려왔다.

볼리비아
11.11~11.17

별처럼 빛나는 볼리비아 라파스의 야경

페루 와라즈에서 15일, 쿠스코에서 20일 여행을 하고 볼리비아 라파스로 가는 밤 버스를 탔다. 밤 10시 30분 버스를 타고 다음 날 낮 2시가 넘은 시간, 버스에서 자고 일출과 함께 눈을 떠 주변 풍경을 감상하며, 국경을 넘어 라파스에 도착했다.

호텔은 라파스 여행의 중심지였고, 치안이 불안하다고 하여 버스터미널에서 택시를 타고 호텔로 이동했다. 이후 라파스에서 유명한 마녀 시장을 구경했다. 숙소 주변 투어사에 가서 라파스에서 유명한 데스 로드 자전거 투어를 예약한 뒤, 야경이 멋지다는 낄리낄리 전망대로 걸어서 갔다. 낮에 전망대 가는 길은 크게 위험하지는 않았다.

라파스 주민들의 삶의 모습을 보면서 계단을 오르다 보니, 어느덧 낄리낄리 전망대에 도착했다. 많이 높은 곳 같지는 않았지만, 분지 지형인 라파스 덕분에 위아래로 볼 수 있는 전망이 좋았다. 헌국인 패키시 님도 만나고 많은 관광객을 볼 수 있었다.

해가 지고 하나씩 켜지는 라파스의 야경을 보며, '눈에 보이는 것과 실제의 모습을 어떻게 구별하면서 보아야 할까?' 하는 고민을 잠깐 해 보았다. 모든 것이 별처럼 아름답게 반짝반짝 빛나는 라파스 야경. 낮에도 이곳에서 살아가는 모든 사람들의 삶도 반짝반짝 빛나길 빌어 본다. 라파스를 떠나는 날에는 라파스의 대중교통 수단인 케이블카를 타고 도시 이곳저곳을 둘러보았다.

아찔한 추억의 데스 로드

라파스에서 수많은 사람이 죽었다는 데스 로드에서 자전거 타기(450볼리비아노+입장료 50볼리비아노)를 했다. 20대 서양인 청년들과 보조를 맞춰 가며 액티비티를 즐기기가 쉽지는 않았지만, 짜릿한 스릴을 느낄 수 있었다.

무려 3,000m를 한 번에 내려가는 내리막길에, 한쪽은 떨어지면 생명을 보장받을 수 없는 아찔한 절벽, 바닥은 울퉁불퉁한 돌자갈길, 경사도 심해 한순간도 긴장을 놓을 수 없는 길에서 5시간이나 자전거를 탔다. 언제 인생에서 이런 짜릿함을 다시 느낄 수 있을

까? 데스 로드의 자전거 길은 내 인생의 또 하나의 추억이 되었다.

우유니 버스 터미널

라파스에서 야간버스 타고 이른 아침에 우유니 버스터미널에 도착하여 숙소를 예약하고, 여행사를 찾아가 우유니에서 칠레의 산 페드로 데 아타카마(San Pedro de Atacama)까지 이어지는 2박 3일 투어, 별빛 투어와 선라이즈 투어를 예약했다. 두 투어를 합쳐 150볼리비아노가 들었다. 이날은 시내를 돌아보면서 쉬었다.

볼리비아 여행의 꽃, 우유니 소금 사막 별빛 투어

새벽 3시 30분에 우유니에서 출발해 1시간 정도 차를 타고 우유니 소금 사막에 도착했다. 볼리비아 여행의 꽃이라 불리는 소금 사막 별빛 투어. 사진은 가이드가 카메라로 찍어 주었지만, 일출 사진은 우리 휴대폰으로 직접 찍었다. 별빛 투어 후 일출을 기다리며 다양한 사진을 찍고, 우유니로 돌아왔다.

새벽 3시 30분에 시작해, 장화 신고 물 위에서 사진을 찍다 보니 꽤 추웠다. 모델이 되어 보는 색다른 체험이었고, 소금 사막 위로 펼쳐진 은하수의 향연은 사진으로는 담을 수 없는 장관이었다. 이렇게 우유니 소금 사막에서 또 하나의 멋진 추억을 추가했다.

우유니에서 아타카마로 2박 3일 투어

이후에는 우유니에서 아타카마로 향하는 2박 3일 투어에 참여했다. 첫날은 거의 우유니 데이 투어와 비슷했다. 오전 11시에 출발해서 우선 기차 무덤을 방문했다. 형태는 기차지만, 실제로는 고철 덩어리에 가까웠다. 그러나 파란 하늘과 사막이 잘 어우러져 사진은 예쁘게 나왔다. '이런 것도 관광 상품이 될 수 있구나' 생각했다. 이후 우유니 소금 사막으로 이동해, 소금 사막을 제대로 보았다. 이렇게 광활한 소금 사막이라니. 지구의 신비는 어디까지일까….

소금 사막 가운데 펼쳐져 있는 선인장 섬은 별다른 기대 없이 갔던 곳이기에 더욱 장관이었다. 입장료 30볼리비아노가 아깝지 않았다. 선인장의 아름다움과 360도로 펼쳐진 소금 사막의 전망을 볼 수 있었다. 가시 돋친 선인장도 이렇게 아름다운 관광지가

될 수 있다니! 세상에는 정말 다양한 관광지가 있다는 생각이 들었다. 파란 하늘과 하얀 소금, 그리고 선인장…. 그리고 소금 사막의 일몰을 감상하고 저녁 8시가 넘어서 숙소에 도착했다. 첫날 숙소는 '소금 호텔'이라는 특색 있는 숙소였다. 저녁 메뉴는 수프와 채소, 고기볶음과 감자튀김이었는데 맛있었다.

우유니에서 아타카마 투어 둘째 날은 8시가 다 되어 늦게 출발했다. 마을의 슈퍼에 들러 물 등을 구매한 뒤 차에 올라탔다. 이제는 소금 사막을 뒤로하고, 아프리카 나미비아 사막을 떠올리게 하는 진짜 사막을 달렸다. 사막을 가로지르는 기찻길에서 사진도 찍고, 펑크 난 타이어를 교체하는 동안 사막을 둘러보며 여유로운 시간을 가졌다. 이후 화산 전망대에 들러, 사막과 바람이 만들어 놓은 기암괴석도 구경했다.

둘째 날 하이라이트는 플라밍고 호수였다. 사막 모퉁이를 돌고 돌아가며 나타나는 플라밍고 호수는, 그 자체로도 자연의 신비였다. 이런 사막에 호수가 있다는 것도 놀라운데, 우리나라에서 보

기 힘든 플라밍고까지 있다니. 각기 다른 모습과 색깔로 나타나는 호수들은 눈을 즐겁게 해 주었다. 플라밍고가 먹이 활동을 하며, 한가롭게 시간을 보내는 모습을 지켜보는 호숫가에서의 시간은 힐링 그 자체였다.

 마지막 날은 볼리비아 국경을 넘어 칠레로 가는 여정이었다. 새벽 5시에 출발해 화산 연기가 피어오르는 간헐천을 구경하고, 따뜻한 천연 온천에서 1시간 가까이 머물렀다. 온천이 좋아 더 오래 머물고 싶었지만, 시간이 부족하다고 하여 아쉬움을 뒤로한 채 칠레를 향해 출발했다. 볼리비아 국경을 넘은 뒤, 다시 칠레 국경에서 짐을 꼼꼼히 검사받았고, 그렇게 3일간의 일정이 마무리되었다.

칠레
11.17~11.27

사막에서 자전거를 타다, 달의 계곡

아타카마에서 달의 계곡(Valle de la Luna)을 가기 위해 자전거를 빌렸다. 가는 길에 화성 계곡(Valle de Marte)에도 잠시 들렀다. 사막의 독특한 지형 속에서 자전거를 타는 경험은 즐겁고 색다르다.

보통은 편하게 가이드 투어를 이용한다. 하지만 영어나 스페인어 설명을 잘 알아듣지 못하는 나로서는, 혼자서 조용히 마음과 몸이 움직이는 방향으로 돌아다니면서 구경하는 시간을 보낼 수 있어 더욱 뜻깊은 날이었다. 비록 힘들게 페달을 밟아야 했지만 말이다. 자전거를 타고 달의 계곡으로 가는 길은 오르막이 조금 있어 약간의 체력이 필요했다.

우여곡절 끝에 도착한 산티아고

아타카마에서 버스를 타고 이동하는 길에, 물병과 노트북을 같은 가방에 넣고 보안을 위해 의자 밑에 숨겨 놓았다. 그런데 버스 터미널에 도착하니 노트북에 물이 젖어 있었다. 고장 날까 봐 노심초사하며 노트북을 말리면서 칼라마 공항으로 향했다. 그런데 며칠이 지나도 노트북은 작동하지 않았고, 외국이라 서비스센터도 없어 많은 걱정을 했다.

일주일 정도 틈틈이 말리고 나니 완전히 정상은 아니지만 불안하게나마 사용할 수는 있었다. 칼라마 공항에 도착해 예약한 비행기 티켓을 받으려 했으나, 예약이 되지 않았다고 했다. 나중에 알고 보니 예약하면서 결제까지 확인하지 않았던 내 실수였다.

외국에서는 카드가 외화로만 결제되도록 설정된 것을 잊고 있었고, 그 탓에 현장에서 다른 비행기 티켓을 예약하려고 몇 시간을 허비했다. 다행히 여행 중에 만난 한국인의 도움으로 어렵게 티켓을 구입해, 저녁이 되어서 칠레의 수도 산티아고에 도착할 수 있었다.

산티아고는 안데스산맥의 웅장한 배경과 함께, 역사적 건축물과 문화유산이 어우러진 매력적인 도시였다. 다음 날 하루 동안 부지런히 산티아고 대통령 궁, 산타 루시아 언덕, 산티아고 전경을 한눈에 담을 수 있는 산크리스토발 언덕 정상에 올라 마리아 상을 보고, 푸니쿨라를 타고 내려왔다.

또한 칠레의 유명한 시인 파블로 네루다의 집, 라 차스코나에 들르기 위해 줄을 서서 기다려 관람했으며, 국립 미술관, 아르마스 광장 등 산티아고 시내를 둘러보았다. 그다음 날 비행기를 타고 칠레 푸에르토 나탈레스로 이동했다.

파블로 네루다 생가

칠레 하면 가장 먼저 떠오른 이름, 시인 파블로 네루다. 산 크리스토발 언덕 아래에 있는 그의 생가를 찾아갔다. 약 30분 정도 기다린 끝에 입장할 수 있었는데, 그가 사용하던 생활용품 등이 전시되어 있어, 그의 소박한 삶의 흔적을 느낄 수 있었다. 걸어다니면서 벽화도 보고, 국립 미술관에 들러 조각과 그림을 감상했다.

그리고 찾아간 두리 스시. 진짜 인생 맛집이었다. 멀리 이국땅에서 이런 맛집을 운영하는 한국인이 있다는 것이 대단하고 놀라웠다. 현지인들에게도 소문이 난 듯 문전성시를 이루어 점심시간에는 줄을 서야 했다. 점심으로는 참치, 연어 회를 먹었고, 저녁에도 다시 방문해 회와 매운탕을 먹었는데, 정말 맛있게 먹었다.

토레스 델 파이네 W-트레킹

토레스 델 파이네 W-트레킹 3박 4일 일정을 위해 산티아고에서는 2박만 머문 뒤, 비행기를 타고 푸에르토 나탈레스로 향했다. 이 트레킹을 할지 말지 많이 고민했다. 가격도 만만치 않고, 산장 예약이 어려웠기 때문이었다. 그래서 거의 포기한 상태였는데, 여행 중 만난 일행들이 푸에르토 나탈레스의 한인 호텔 '까사베르데'를 소개해 주었다. 그래도 '여기까지 왔는데 한 번 알아보기나 하자'는 생각으로 연락했더니 예약할 수 있다고 하여 급하게 3박 4일 트레킹을 가게 되었다.

안데스산맥의 설산이 보이는 하늘길은 보기 좋았다. 푸에르토 나탈레스는 토레스 델 파이네 트레킹의 거점인 칠레 파타고니아의 중심지이다. 트레킹을 앞두고 이틀간 도시를 둘러보았다. 어디서든 보이는 파란 하늘과 설산, 평화로운 해변, 아르마스 광장, 파타고니아 어원인 큰발 동상 등 아기자기하고 아름다운 작은 마을을 둘러보았다. 다만, 바람이 많이 불었다.

남미에 와서 체력이 약해졌는지 아니면 이 트레킹 코스 자체가 정말 힘든 것인지 생각보다 만만치 않았다. 특히 올라간 길을 다시 내려오는 것이 더 힘들었다. 하지만 빙하호와 빙하 그리고 넓게 펼쳐진 푸른 초원과 더불어 11월 말에 지천으로 피어난 빨간

꽃들을 바라보는 재미에 즐거웠다.

토레스 델 파이네 W-트레킹 1일 차. 푸에르토 나탈레스에서 버스를 타고 국립공원 입구를 지나 선착장에서 내린 뒤, 배를 타고 첫날 숙소인 그란데 산장으로 향했다. 푸에르토 나탈레스를 벗어나자마자 멋진 풍경이 펼쳐졌다. 봄이 오는 초원에는 연두색 물결이 출렁이고 먼 산들은 빙하를 이고 있었다.

국립공원 입구에서 표 검사를 하고, 선착장 주변을 산책하며 시간을 보내다가 배를 타고 그란데 산장으로 갔다. 배를 타고 이동하는 동안 보는 폭포, 빙하, 바위가 어우러진 전형적인 빙하 지형도 좋았다. 그란데 산장에서 체크인한 뒤에는 그레이 빙하까지 다녀오는 일정이었다.

그란데 산장에서 그레이 호수까지는 왕복 22km 거리였다. 저녁 식사를 오후 6시에 예약해둔 터라, 무거운 배낭은 산장에 맡겨두고 숙소에서 가져온 김밥을 들고 서둘러 출발했다. 약 30분 정도 걸어서 첫 번째 고개에 도착해, 파란 하늘과 푸른 호수가 어우

러진 아름다운 산속에서 먹는 김밥 맛은 말 그대로 천국의 맛이었다.

　그레이 호수로 향하는 길은 초반엔 오르막이었지만, 호수가 나오는 곳부터는 평탄한 길이 이어졌다. 하지만 돌이 많아 평지라도 발은 아팠다. 봄이 오고 있는 등산로에는 다양한 야생화들이 흐드러지게 피어 있었다. '역시 트레킹 오길 잘했다'는 생각을 하면서 열심히 걸어 그레이 빙하 전망대에 도착했다.

　저녁 식사 시간에 맞춰야 했기에 멋진 풍경을 뒤로 하고 내려오는 길이 아쉬웠지만, 발걸음을 돌릴 수밖에 없었다. 체력이 떨어진 탓에 내려가는 길이 조금은 지루하고 힘들었다. 그래도 멋진 호수와 유빙, 알록달록 봄꽃들을 보면서 다시 산장으로 돌아왔다.

토레스 델 파이네 W-트레킹 2일 차. 그란데 산장에서 아침 식사를 하고, 점심 도시락을 챙긴 뒤 설레는 마음으로 하루를 시작했다. 전날 푹 자고 나서인지 몸 상태도 좋았고, 날씨까지 맑아 발걸음이 가벼웠다. 길은 호수를 따라 이어졌고, 붉은 꽃들이 지천에 피어 있어 걸음마다 시선이 머물렀다. 이탈리안 캠프장까지는 계속 평탄한 길이 이어졌고, 그 이후부터는 숲이 우거진 계곡을 따라 빙하가 보이기 시작하며 본격적인 오르막이 시작되었다.

브리타니코 전망대까지 힘들게 올라 도착한 뒤, 그곳에서 도시락으로 점심을 먹었다.

빙하를 보다 가까이서 마주할 수 있었고, 회색빛 바위와 빙하가 어우러진 전망은 그야말로 장관이었다. 하산은 이탈리안 캠프장에서 쿠에르노스 산장까지 이어졌는데, 내리막길임에도 피로가 누적되어 쉽지만은 않았다. 그래도 산장 가까이에 있는 몽돌이 깔린 호숫가에서 발을 담그며 잠시 쉬는 시간은 무척 평화로웠다. 하루 동안 참 다양한 얼굴을 보여준 자연. 그 변화무쌍한 풍경들이 새삼 경이롭게 느껴졌다.

토레스 델 파이네 W-트레킹 3일 차. 쿠에르노스 산장에서 센트럴 캠프장까지 가는 날이었다. 밤부터 내린 비는 아침이 되어도 그치지 않았다. 산 위는 하얀 눈 세상이 되었다. 쿠에르노스 산장에서 아침을 먹으며 비가 그치기를 기다렸으나, 체크아웃 시간인 9시 30분이 지나도 계속 비가 내렸기에 어쩔 수 없이 출발했다.

빗줄기는 더 굵어지고 진눈깨비로 변해 추웠지만, 비교적 거리가 짧아 여유 있게 걸었다. 내리는 눈 속에서도 경치는 좋았고, 오후 2시쯤 숙소 센트럴 캠프장에 도착했다. 불타는 토레스 삼봉을 보기 위해서는 칠레노 산장으로 가야 했지만 예약을 못 해 아쉽게도 센트럴 캠프장에 머물러야 했다. 잠에 들 때 텐트 속 침낭은 따뜻했으나 눈이 내려 그런지 얼굴은 시렸다.

토레스 델 파이네 W-트레킹 4일 차. 77km의 하이라이트인 토레스 삼봉을 보러 가는 날이다. W-트레킹을 늦게 예약한 탓에 삼봉 일출을 못 보는 것이 아쉽기는 했으나, 이렇게 W-트레킹을 할 수 있다는 것만으로도 행복했다. 다행히 아침에 일어나니 캠프장에서도 토레스 삼봉이 잘 보여 기분 좋게 트레킹을 시작했다.

오르막을 한참 올라 칠레노 산장에 도착하여 5,000페소에 커피 한 잔을 마시면서 쉬다가 다시 걸음을 이었다. 봄이 오는 평지 길을 오르락내리락하다가 토레스 삼봉 1km를 남겨 놓고는 가파른 바위 오르막이 이어졌다. 이 호수를 보기 위해 3박 4일 동안 열심히 걸어왔다. 파란 호수와 그 위에 솟아 있는 토레스 삼봉을 잠

간 보았는데 구름이 몰려와 아쉬웠지만, 분위기가 좋아 오래 구경했다. 더 오래 있고 싶었으나, 추워서 내려올 수밖에 없었다.

빙하호와 빙하, 바위 봉우리 그리고 넓게 펼쳐진 푸른 초원이 정말 인상적인 트레킹이었다. 11월 말에 피는 빨간 꽃이 지천으로 피어 있었고, 작은 예쁜 야생화들도 다양해서 정말 즐거웠다.

트레킹 후 하루는 푸에르토 나탈레스 구경을 하고 토레스 델 파이네 1일 투어를 갔다. 아침 8시에 픽업하여 토레스 델 파이네로 가는 길에 전망 좋은 다양한 포토 존에서 사진을 찍었다. 폭포를 구경하고 토레스 삼봉이 잘 보이는 곳에서 사진도 찍고 차를

타고 가면서 W-트레킹하면서 본 곳을 멀리서 조망하는 투어였다. 가까이에서 제대로 보지 못한 것을 멀리서 보는 것도 또 다른 재미가 있었다. 특히 날씨가 맑고 깨끗하여 전망이 정말 좋았다. 전망만 보는 것도 여행이 될 수 있음을 느꼈다.

아르헨티나

11.27~12.25

아르헨티나 페리토 모레노 빙하와 빙하 박물관

　남미 네 번째 국가 아르헨티나로 떠나는 날이다. 파타고니아 여행의 출발점이었던 칠레 푸에르토 나탈레스에서 아침 8시 버스를 타고, 6시간을 달려 국경을 넘어 엘 칼라파테(El Calafate)에 도착했다. 이곳은 페리토 모레노 빙하로 유명한 도시다. 국경 절차는 생각보다 간단하고 신속하게 진행되었다.

　푸른 초원이 끝없이 펼쳐진 아르헨티나 땅을 열심히 달려왔다. 버스터미널에서 숙소인 후지 민박은 가까운 거리였고, 걷다 보니 어느새 도착했다. 숙소 매니저분들이 반갑게 맞아 주었고, 방도 깔끔하고 넓어서 만족스러웠다.

엘 칼라파테에서는 시내 여러 투어사를 통해 유명한 빙하 투어를 알아보았지만, 페리토 모레노 빙하 트레킹은 가격이 너무 비쌌다. 그래서 그 대안으로 선택한 것이 보트 크루즈 1일 투어였다. 미니 트레킹의 반값이면서, 하루 종일 크루즈를 타고 여러 빙하와 유빙이 떠다니는 호수 주변의 풍경을 편안하게 감상할 수 있다고 하여 선택했다.

오전 7시 30분, 호텔에서 픽업되어 한 시간가량 달려 크루즈 승선장에 도착했다. 국립공원 2일간 입장권(4만 5,000페소 + 2만 7,500페소)을 구입한 뒤, 10시쯤 배를 타고 출발했다. 호수 위를 천천히 나아가는 크루즈에서 바라보는 풍경이 좋았고, 마치 경치 좋은 바다를 구경하는 듯했다.

첫 번째 목적지인 스페가찌니 빙하를 감상하고, 바타스에 상륙하여 산책을 했다. 이어 페리토 모레노 빙하를 가까이에서 마주한 뒤 오후 5시쯤 항구로 돌아왔다. 지금까지 보아 온 빙하들은 이곳의 빙하를 보기 위한 맛보기에 불과했다. 빙하 속에서 보낸 행복한 하루였다. 하지만 동시에 점점 녹아내리는 빙하의 현실에 가슴이 아팠다. 지구를 더 사랑해야겠다.

남극과 그린란드의 빙하 다음으로 크다는 페리토 모레노 빙하를 보기 위해 엘 칼라파테 버스 터미널에서 버스를 타고 직접 찾아갔다. 전날 터미널에서 현금 4만 페소(카드는 4만 5,000페소)를 주고 버스표를 예매했다. 버스는 아침 8시 30분에 출발하여 10시 30분에 도착하고, 오후 2시 30분에 다시 돌아오는 일정이었다. 페리토 모레노 빙하에서는 약 4시간 머물 수 있었는데, 빙하를 둘러보기엔 충분한 시간이었다.

나무 데크 길도 잘 만들어 놓았고, 빙하가 잘 보이는 지점마다 전망대가 설치되어 있어 감상하기 좋았다. 생각보다 가까이에서 빙하를 볼 수 있었고, 높은 곳에서 빙하 전체를 한눈에 볼 수 있어 인상적이었다. 빙하 위쪽에 구름이 껴 있어 약간 아쉬웠지만 감상에는 큰 지장이 없었다.

운 좋게도 천둥소리를 내면서 떨어지는 빙하도 볼 수 있었는

데, 빙하 조각이 떨어질 때마다 거대한 소리가 울려 퍼져 빙하의 거대함을 실감할 수 있었다. 트레킹의 마지막에는 신발을 벗고 호수에 들어가 떨어져 나온 빙하 조각을 만져 보고, 맛도 보며 버스를 기다렸다.

파타고니아 페리토 모레노 빙하를 다양한 방법으로 보기 위해 엘 칼라파테에 5박을 예약하고, 이틀 동안 빙하를 구경했다. 그러다 보니 가격이 너무 비싼 트레킹은 하지 못하고, 무엇을 할지 고민하고 있었는데 후지 민박 주인분이 빙하 박물관을 추천해 주셔서 가 보기로 했다.

시내에서 무료 셔틀버스를 타고 모레노 빙하 방향으로 약 10분 정도 가면 빙하 박물관이 있다. 멀리서 볼 때는 흰색 건물처럼 보였지만, 실제로는 밝은 회색 건물이었다. 빙하 바도 같이 입장하면 할인이 많이 되어 3만 페소에 바 입장까지 포함된 티켓을 구매했다.

먼저 냉동실 같은 빙하 바에 들렀다. 얼음 잔에 칵테일과 음료

를 마실 수 있었고, 온통 얼음으로 되어 있는 공간에 에어컨까지 빵빵하게 틀어 놓아 빙하 속에 있는 것 같은 느낌이 들었다. 빙하 박물관은 빙하 탐험의 역사와 모레노 빙하 영상, 지구온난화에 대한 경각심을 불러일으키는 전시로 구성되어 있었다. 이색 박물관이긴 했으나, 바쁜 일정이라면 굳이 가야 할 필요는 없는 장소라고 느껴졌다.

여유로운 하루를 보내게 해 준 니메즈 호수

엘 칼라파테에서 빙하를 구경하고 난 뒤 시간 여유가 있어 다른 활동을 고민했지만, 바람이 너무 강하게 불어 멀리 가기는 어려웠다. 대신 숙소에서 40분 거리에 있는 니메즈 호수를 찾아갔다. 몸이 날아갈 것처럼 바람이 세게 불었으나, 주변 풍경이 아름다왔다. 아직 홍학은 보이지 않았지만, 해변에는 오리들이 날고 있었고, 고요한 호수 풍경에 힐링하면서 여유로운 하루를 보냈다.

엘 칼라파테에서 엘 찰텐으로

페리토 모레노 빙하로 유명한 엘 칼라파테에서 5박의 일정을 마친 뒤, 버스를 타고 엘 찰텐으로 이동했다. 엘 찰텐으로 가는 길은 호수와 피츠로이를 감상할 수 있어 풍경이 좋았다. 엘 찰텐이라는 이름처럼 피츠로이 산봉우리에 구름이 드리워져 연기가 피어오르는 것 같았다.

이곳은 피츠로이 트레킹을 위한 정말 조용하고 작은 관광마을이다. 처음엔 호텔을 2박만 예약하고 왔으나, 트레킹 코스가 많아 2박을 더 연장하고, 바릴로체행 버스도 함께 예약했다. 호텔에서 쉬다가 무료로 자전거를 대여해 주어 엘 찰텐 마을과 초리요 델 살토 폭포를 둘러보았다.

피츠로이의 일출 트레킹

엘 찰텐에서 가장 유명한 피츠로이의 일출, 일명 '불타는 고구마'를 보기 위해 새벽 1시 30분, 호텔을 나섰다. 하늘엔 별이 총총 떠 있었고, 우리는 조용히 어둠 속 산길로 들어섰다. '불타는 고구마'란 해가 떠오르며 바위에 붉게 반사되어 마치 고구마가 타는 것처럼 보이는 장면을 말한다.

저 앞에 보이는 건 단 하나의 불빛. 사람 하나 없는 어두운 산길을 오로지 헤드랜턴 불빛에 의지한 채, 둘이서 천천히 걸음을 옮겼다. 낯선 길을 어둠 속에서 찾아간다는 건 무섭고 쉽지 않은 일이었지만, 함께 손을 잡고 있다는 사실 하나만으로도 마음이 든든했다.

처음 구간은 약간의 오르막이었으나, 9km 지점까지는 대체로 평탄한 길이었다. 해가 뜨기 전에 정상에 도착해야 한다는 생각으로 어두운 산길을 랜턴 불에 의지하며 열심히 걸었다. 아무 것도 보이지 않으니, 오히려 걷기에 집중할 수 있었다.

정상까지 1km를 남겨놓고는 가파른 오르막이 시작됐다. 여기서부터는 날이 밝아오며 주변 능선이 보이기 시작했다. 그런데 그 총총하던 별들은 모두 어디로 사라졌는지, 하늘엔 구름이 가득했다. 그래도 '해는 뜨겠지' 생각하며 열심히 올라갔다. 끝이 보일 듯 하면서도 계속 이어지는 오르막에 힘들었다.

드디어 호수가 있는 정상에 도착하니 멋진 빙하 호수가 보였다. 하지만 기대했던 일출은 보이지 않고, 약간의 여명만 보일 뿐이었다. 그래도 피츠로이는 잘 보여서 다행이라 생각하며 호수에 내려가 사진을 찍고, 빙하 호수도 구경했다. 10시까지 제공한다는 호텔 조식을 먹기 위해 서둘러 내려왔다. 9시 30분쯤 호텔에 도착하여 조식을 먹으니 꿀맛이었다.

비오는 날의 세로토레

다음 날 아침을 먹고 나니 비가 내리고 있었다. 잠시 기다려 봤지만 비는 그치지 않았고, 결국 8시경 숙소를 나서 세로토레(Cerro Torre)로 향했다. 동네 뒤편에 있는 입구를 찾아 완만한 길을 걸어갔다. 길가에는 새봄의 파릇파릇한 새싹과 야생화가 피어 있어 등산하기 좋았다.

3km를 걸어 전망대에 도착했으나 짙은 구름에 가려 세로토레는 모습을 보여 주지 않았다. 그래도 날씨가 좋아지길 바라면서 봄이 오는 산언저리 길을 걸어 세로토레 호수까지 걸었다. 하지만 봉우리들은 끝내 모습을 보여 주지 않았고, 대신 호수의 유빙들과 호수 주변 분위기를 감상할 수 있었다.

　이후 2km 떨어진 전망대에 가도 봉우리가 보이지 않을 것 같아 하산을 결정했고, 풍경이 좋다는 엄마(Madre)와 딸(Hija) 호수를 보러 가기로 했다. 갈림길에서부터 오르막이 시작되어 걷기가 꽤 힘들었다. 그쳤던 비도 다시 내리기 시작해 발걸음이 더욱 무거워졌다.

　4km를 걸어 도착한 딸 호수는 역시 아름다웠다. 호수에 발을 담그고 앉아 쉬며, 호수의 정취에 흠뻑 빠졌다. 호숫가를 더 걷고 싶어 엄마 호수를 지나 토레스 방향으로 내려왔다. 길은 평지라 무난했지만, 많이 걸은 탓에 힘이 들었다. 그래도 끝까지 힘을 내

어 카프리 호수까지 둘러보고 내려왔다. 힘든 트레킹이었지만, 예쁜 빙하 호수들이 그 피곤함마저 잊게 해 주었다.

피츠로이 일출, 재도전

전날은 하루 종일 비가 내려, 가까운 전망대에 가 보려던 계획을 모두 취소하고 창밖에 내리는 빗방울을 보며, 호텔 방에서 푹 쉬었다. 다행히 이날은 날씨가 좋다는 예보가 있었고, 전날의 휴식 덕에 컨디션도 좋아졌다. 그래서 다시 한번 '불타는 고구마', 피츠로이 일출에 도전하기로 했다. 새벽 1시 30분, 호텔을 나서자 하늘에는 별이 총총히 빛나고 있었다. 두 번째 가는 길이라 그런지 길도 익숙해져 처음보다 수월하게 올라갔다. 무엇보다 올라가는 사람들도 많아 좋았다.

5시 좀 넘어 호수에 도착하니, 동쪽 하늘에 구름이 많이 껴 있었지만, 여명은 구름과 함께 밝아오고 있었다. 그러던 중 문득 피츠로이를 바라보니, 붉게 물들고 있었다. 구름 사이의 일출이라 완전히 불타지는 않았지만, 이 정도로도 감지덕지했다. 처음 왔을 때는 몰라서 지나쳤던 물빛이 가장 아름답다는 수시아 호수도 볼 수 있어 두 번 올라온 보람이 있었다.

약간 쌀쌀했지만 두 시간이나 정상에 머물러있었다. 12시 20분 바릴로체행 버스를 타기까지는 시간이 조금 여유로울 것 같아, 지난번에 보지 못했던 세로토레를 가까이에서 보기 위해 엄마와

딸 호수 쪽으로 향했다.

7km를 더 걸어 총 27km나 걷는 길이었기에 역시나 힘들었다. 아무도 없는 이른 아침 호숫가는 정말 아늑하고 좋았으나, 시간에 쫓겨 지나쳐오니 아쉬웠다. 역시 산행은 충분한 시간을 두고 해야겠다는 생각이 들었다. 삼거리에서 세로토레의 파란 하늘을 보면서 내려와 버스를 타고 바릴로체로 향했다.

참고로 처음 올랐을 때 몰라서 지나쳤던 수시아 호수는 피츠로이 호숫가로 내려가서 왼쪽 언덕 위로 올라가면 물빛이 가장 예쁜 호수를 볼 수 있으니 꼭 한번 찾아가 보기를 추천한다.

바릴로체로 가는 길

엘 찰텐에서 바릴로체까지는 버스를 타고 가기로 했다. 무려 29시간이나 걸리고 요금도 비쌌지만, 아르헨티나의 넓은 영토를 직접 보고 싶었고, 시간도 여유로워 버스를 선택했다. 역시 탁월한 선택이었다. 2층 버스의 맨 앞자리에 앉아 풍경을 감상하고, 잠도 자며, 일출과 일몰 풍경을 멍하니 바라보니, 40번 국도를 달리는 30시간에 가까운 긴 여정도 느긋하게 즐길 수 있었다.

우리의 생각과는 달리, 버스는 남쪽으로 내려가 대서양이 보이는 곳으로 한참을 우회해서 갔다. 길 상태가 좋지 않아 돌아간다고 했지만, 그 덕분에 더 많은 곳을 구경하면서 갈 수 있었다. 곳곳의 호수, 넓은 초원, 가끔 보이는 야생동물들, 지천으로 피어있는 야생화 등 우리를 즐겁게 하는 이국적인 것들이 많았다.

피츠로이 트레킹과 긴 버스 이동으로 바릴로체의 '패닌슐라 쁘띠 호텔'에서 2박 동안 푹 쉴 계획이었다. 하지만 컨디션도 괜찮았고, 로페즈 트레일(Lopez Trail) 입구가 시내보다 이곳에서 더 가까운 위치에 있어, 가볍게 다녀오기로 마음을 바꿨다.

우버를 타고 로페즈 트레일 입구에 내려 트레킹을 시작했다. 네그라 산장까지는 정말 길이 가팔랐지만, 앞만 보고 열심히 오르다 보니 전망이 탁 트인 곳에 네그라 산장이 나타났다. 산장에서 보는 호수의 전망이 지금까지의 피곤함을 확 날려 주었다. 전망을 바라보며 추워질 때까지 쉬었다.

산장부터는 임도를 따라가거나 지름길을 오르면 바릴로체에서 전망이 제일 좋다는 로페즈 산장이 하얀 눈과 같이 나타난다. 정상까지 가 보려 했지만, 눈이 쌓여 있어 위험해 보여 포기했다. 대신 로페즈 산장에서 바릴로체 호수 전망을 보며 잠시 쉬다가 시간이 여유 있어, 다음 날 가기로 했던 싸오싸오 호텔 쪽으로 가 보기로 하고 산에서 내려왔다.

바릴로체가 왜 '남미의 스위스'라 불리는지 느끼게 해 준 풍경을 즐긴 시간이었다. 호숫가를 산책하면서 마냥 즐거웠던 힐링의 순간들이었다.

카테드랄 스키장과 프레이 산장 트레킹

바릴로체에서 가장 유명한 트레킹 중 하나, 카테드랄 스키장을 지나 프레이 산장까지 다녀오는 코스를 선택했다. 9시 15분에 바릴로체 시내에서 55번 버스를 타고 카테드랄 마을로 향했다. 요금은 5,500페소였고, 버스는 2시간 간격으로 운행되었다. 마을에

　도착한 뒤 3만 페소를 지불하고 케이블카를 탔고, 프린세사에 올라가 트레킹을 시작했다.

　예상보다 스키장이 엄청 컸다. 겨울철에 다시 한번 와서 스키도 타고 활기찬 분위기를 느껴 보고 싶었다. 여름철은 비수기라 케이블카에는 우리 둘만 탑승했고, 트레킹을 하는 사람은 한 명도 보이지 않았다. 대부분의 사람은 입구에서 프레이 산장까지 계곡을 따라 왕복하는 코스를 많이 선택하는 것 같았다.

　스키장 길을 따라 윗부분으로 올라가니 눈이 덮여 있었고, 능선으로 가야 해서 눈길로 올라갔다. 눈에 미끄러지면서 올라가니 프레이 산장으로 가는 길이 보였다. 그런데 눈앞에는 어마무시한 절벽 길이 펼쳐져 있었다. 발을 헛디디는 순간 사망 아니면 중상

이라 조심조심 걸음을 옮겨야 했다.

　바위에 표시된 파란색 동그라미를 보면서 길을 찾아 한 발 한 발 내디뎌 가는데, 설악산 용아장성을 생각나게 했다. 그 가파른 바윗길에도 예쁜 꽃들은 피어 있었다. 그렇게 길을 찾아 열심히 걷다 보니 어느새 프레이 산장과 산 마르틴 산장으로 갈라지는 갈림길이 나왔다. 이곳을 왜 '카테드랄(성당)'이라 부르는지 알 것 같았다. 파란 하늘과 흰 눈, 그리고 뾰족한 바위들이 저마다의 솜씨를 뽐내고 있었다.

　능선을 돌아서니 얼어붙은 호수와 새하얀 눈밭이 펼쳐졌다. 70

도가 넘는 경사진 눈길을 조심조심 내려오니, 저 멀리 호수와 프레이 산장이 보였다. 얼마나 반가웠는지 모른다. 프레이 산장에 도착해 휴식을 취하고, 6시 10분 버스를 타기 위해 열심히 내려왔다. 내려오는 길은 피곤하기도 하고, 단순한 길이라 다소 지루하게 느껴졌다.

남미의 스위스 바릴로체에서 6박을 하며 트레킹을 즐기고, 눈도 구경하며 아름다운 호수와 숲속을 걷는 힐링의 시간을 보냈다. 틈틈이 시내 구경도 했다. 바릴로체는 버스를 타고 가는 곳이 많아 교통카드인 '수베 카드'가 필요하다.

바릴로체에서 만난 친절

바릴로체 여행의 마지막 날. 다음 날은 부에노스아이레스로 떠나야 했다. 샤오샤오 호텔까지 20번 버스를 타고 가서 지난번에 걷지 못한 아라얀 숲길을 걷고 호수를 구경한 후, 로페즈 입구까지 걸어가는 것은 지루할 것 같아 히치하이킹에 10번만 도전해 보기로 하고 다행히 6번 만에 성공했다.

부에노스아이레스에서 바릴로체로 여행 온 젊은 부부와 6살 어린이가 있는 가족이 우리를 태워 주었다. 덕분에 숙소로 가는 길에 푼토 파노라미코 전망대, 캄파나리오 전망대와 오또 세로 정상 전망대까지 함께 둘러볼 수 있었다.

오늘은 친절한 귀인을 만나 바릴로체의 중요한 세 전망대를 편하게 구경하고, 심지어 자기네 호텔보다 먼 우리 호텔까지 태워 주었다. 우리에게 친절하게 대해 주고, 하나라도 더 보여 주려고 하는 따뜻한 마음이 보여 정말로 고마웠다.

부에노스아이레스에서의 추억

바릴로체에서 오전 8시 30분에 72번 버스를 타고 공항으로 가서, 10시 55분 비행기를 타고 부에노스아이레스로 향했다. 한숨 자고 일어나니 예정대로 오후 1시 부에노스아이레스에 도착했고, 공항에서 마요 광장행 8번 버스를 탔다.

점심을 간단히 해결한 뒤, 이번에 머물기로 한 한인 민박 '부에노까사'로 이동했다. 부부가 운영하는 이 깔끔한 민박은 정갈하고 따뜻한 분위기였고, 우리를 반갑고 친절하게 맞아 주었다. 숙소에서 부에노스아이레스 여행 코스에 대한 설명을 듣고, 탱고 쇼와 스카이다이빙 예약을 마치고는 휴식을 취했다.

다음 날부터는 본격적인 시내 탐방에 나섰다. 터미널에 가서 이구아수로 가는 버스표를 예매하고, 레골레타, 국립 미술관, 엘 알테네오 서점을 차례로 둘러본 뒤 숙소로 돌아왔다. 더운 여름날의 시내 구경은 역시 트레킹보다 피곤하다.

우선 '세계에서 가장 아름다운 서점'이라 불리는 엘 아테네오(El Ateneo) 서점에 다녀왔다. 겉으로 보기엔 번화한 도로변에 위치한 평범한 건물처럼 보였는데, 안으로 들어서는 순간 '이런 서

점이 있다니!' 하고 감탄이 절로 나왔다. 오페라 하우스를 개조해 만든 이 서점은, 원래 무대였던 공간이 지금은 카페로 운영되고 있었고, 나는 그곳에서 음료 한 잔을 마시며 이 독특한 서점의 공간을 실컷 둘러보았다. 서점이 곧 관광지라는 발상 자체가 신선하고 인상적이었다.

서점 한가운데는 놀랍게도 노벨문학상을 수상한 한강 작가님의 책이 전시되어 있어 자랑스러웠다. 우리나라에도 드디어 노벨문학상을 받은 작가가 생겼구나. 내가 한 일도 아닌데 뿌듯했다. 더 놀라운 건 부에노스행 비행기에서 옆자리에 앉은 외국인도 한강 작가님의 책을 읽고 있었다는 것. 오래 기억에 남을 것 같다.

저녁에는 오메로만지 탱고 쇼를 보러 갔다. 부에노스아이레스에 왔으니 탱고 공연도 봐야 하는 마음으로 갔는데, 역시나 화려하고 절제된 춤과 노래. 한 번쯤 꼭 봐야 할 공연이었다.

부에노스아이레스 시내 탐방 둘째 날. NGO 활동을 하는 한국인 여행객과 함께 라보카, 산텔모 일요 시장, 여인의 다리 야경까

지 구경했다. 큰 구경거리는 아니었지만, 부에노스아이레스에서만 볼 수 있는 풍경이기에 더운 날씨에도 열심히 다녔다.

민박집에서 버스를 타고 라보카에 내려서 알록달록한 건물과 발코니의 인형, 그리고 메시의 흔적이 많이 남아 있는 풍경을 구경했다. 근처 축구 경기장도 외부에서 둘러보고, 현지식 초리조 버거로 점심을 먹은 후 산텔모를 가기 위해 버스를 기다렸으나 오지 않아 우버를 타고 이동했다. 생각보다 큰 산텔모 시장의 규모와 많은 인파에 놀랐다. 시장 구경을 마친 뒤 여인의 다리까지 걸어가 토마호크로 근사한 저녁을 먹고 강 양쪽으로 펼쳐진 야경을 구경하고 숙소로 돌아왔다.

부에노스아이레스는 스카이다이빙으로도 유명하다. 그러니 여기서 하늘을 날아 보는 것 또한 의미있는 일 아닐까. 인생에 한 번은 해 보고 싶었다. 게다가 이번이 아니면 힘들지 않을까? 그런 생각에 큰 용기를 내 도전했다.

다이빙센터에 도착해 안전 교육을 받고 서약서를 작성한 뒤,

안전 장비를 착용하고 비행기에 탑승했다. 고도가 높아져 지상의 사람이 개미처럼 작게 보일 정도가 되어서야 하강했다. 처음에는 무섭고 두려웠으나 낙하산이 펼쳐지니 여유가 생겨 하늘과 주변 풍경이 눈에 들어왔다. 아주 짧은 시간이었지만 소중한 추억이 되었다.

그리고 아르헨티나 국회의사당 투어도 했다. 색다른 경험이었다. 영어와 스페인어로 진행되는데, 2시간 간격이며 무료이다. 여권 필수! 우리는 11시 스페인어 투어에 참가했다.

아르헨티나 여행 중 5박을 머무르며 부에노스아이레스 여행의 거점이 되었던 부에노까사에서 마지막 날 밤, 인원이 많지 않았음에도 아사도 파티를 열어 줬다. 하얀 숯불에 구워진 고기들은 그야말로 환상의 맛이었다. 처음에는 이 많은 고기를 우리가 다 먹을 수 있을까 했는데 어느 순간 고기가 없었다. 배가 부름에도 계속 들어가는 것은….

세계 최고의 폭포를 만나다

세계 3대 폭포 중 하나인 이구아수를 보기 위해 부에노스아이레스에서 출발했다. 17시간 걸린다는 예정보다 2시간 더 늦어져 총 19시간, 버스는 비속을 달려 긴 여정을 마치고 마침내 이구아스에 도착했다.

처음엔 아르헨티나 쪽 폭포를 보고, 곧바로 브라질 쪽으로 넘

어가 반대편에서 구경할 계획이었다. 하지만 묵게 된 이구아수 민박 '그란티오'의 포근한 분위기와 친절한 사장님의 환대에 마음이 머물렀다. 그렇게 우리는 이곳에서 6일간 머물며 천천히 이구아수를 즐기기로 했다.

다음 날, 마침 브라질 방향으로 가는 일행이 있어 함께 이동했다. 브라질 쪽은 강 건너 아르헨티나 쪽 폭포들을 보고 마지막 부분에서는 비 오듯이 날리는 물결을 맞으며 거대한 폭포 아래에서 구경하는 것이었다. 먼저 보트를 타고 폭포로 들어갔다. 옷이 젖을까 걱정했는데 비옷조차 소용없을 만큼 휘날리는 물줄기로 들어가서 젖지 않을 수 없는 상태였다.

쏟아지는 물줄기 속을 들어가는 희열과 짜릿함. 자신도 모르게 나오는 고함과 폭포 물소리. 말 그대로 황홀함 속으로 들어가는 것이었다. 온몸으로 폭포를 즐길 수 있어 좋았다. 끝없이 퍼붓는 물줄기로 들어갈 때의 그 긴장감.

보트 투어를 한 모든 사람이 만족하는 분위기였다. 세계 3대 폭포 중 건기에 본 빅토리아 폭포와 비교할 수 없을 만큼 훨씬 웅장하여 폭포 중에 가장 인상깊었다.

이구아수 폭포를 전날에는 브라질 쪽에서 보았고, 이번에는 아르헨티나 쪽에서 보기로 했다. 입구에 도착해 카드로 입장권을 구매하려 했으나, 현금 결제만 가능하다고 해서 동행의 도움으로 4만 5,000페소에 입장권을 구입했다. 10시 30분에 출발하는 기차

표를 받았다.

　시간이 조금 남아 주변의 짧은 길을 둘러본 뒤, 기차를 타고 '악마의 목구멍'으로 향했다. 기차에서 내려 폭포 상류의 물 위에 놓인 길을 따라 걸으며, 가까워질수록 들리는 폭포 소리, 연기처럼 보이는 수증기가 설레게 할 즈음, 악마의 목구멍을 마주했다.

　모든 것을 삼켜 버릴 것 같이 엄청나게 쏟아지는 물줄기, 서로 부딪히며 만들어 내는 물보라 그리고 굉음은 정말 세계 최고 폭포의 모습을 보여 주었다. 기차를 함께 타고 온 사람들이 돌아가고, 30분 뒤 다음 기차를 타고 온 사람들마저 돌아갈 때까지, 우리는 무언가에 홀린 듯 폭포의 물줄기를 보고 또 보았다.

기차를 타고 중간역에 내려 위 트레일, 이어서 아래 트레일을 걸으며 이구아수 폭포를 구석구석 둘러보았다. '악마의 목구멍'이 본편이었다면 트레일 속의 폭포들은 마치 별책 부록 같은 느낌이었다. 그렇게 우리는 폭포와 함께 하루를 보냈다.

따듯한 아르헨티나 민박집, 그란티노

버스터미널까지 마중을 나와 반갑게 맞이해 준 한인 민박 그란티노(큰삼촌)의 주인아저씨는 친절하고 배려심이 많은 분이다. 가는 길에 저녁 식재료를 살 수 있도록 마트 두 곳에 들러 주셨고, 넓은 공간의 민박집에 도착했다. 전기압력밥솥이 있어 밥을 하고 아르헨티나 소고기를 구워 민박집에서 제공해 준 김치와 함께 정말 맛있는 저녁을 먹었다.

원래는 4박만 머물고 브라질 쪽에서 2박을 하려 했으나, 마음껏 요리할 수 있는 양념이 갖추어진 부엌과 넓은 거실이 마음에 들어 2박을 더 연장했다. 이구아수 폭포를 이틀간 둘러본 후, 주변의 작은 폭포와 수영장, 3개국 국경 등을 구경시켜 주셨고, 편하게 쉬며 시간을 보낸 한인 민박집이었다. 떠나는 날에도 적은 비용만 받고 브라질 이구아수 공항까지 태워 주셔서 감사했다.

큰삼촌, 사업 번창하시고 항상 건강하세요.

브라질

12.25~12.31

브라질로 이동, 리우 식물원

우리 부부의 세계여행 마지막 여행지는 브라질 리우데자네이루였다. 갈레앙 공항에서 우버를 타고 코파카바나에 있는 호텔로 이동했다. 첫날은 구름이 많아 예수상 대신 내가 더 좋아하는 식물원으로 갔다. 리우데자네이루는 치안 문제로 위험하다 하여 우버를 타고 이동했다.

식물원에 들어서자 잭프루트 나무들이 커다란 열매를 주렁주렁 달고 있어 제일 먼저 눈에 들어왔다. 잭프루트 나무가 무리를 이루어 숲처럼 자라고 있는 풍경은 장관이었고, 거대한 열매들이 가지마다 가득 매달린 모습은 보는 것만으로도 즐거움을 주었다.

무엇보다 인상 깊었던 건, 이 식물원의 자랑거리인 듯한 쭉쭉 뻗은 야자나무의 행렬이었다.

두 줄로 나란히 이어진 그 풍경은, 이곳이 진짜 열대 식물원이라는 사실을 실감하게 했다. 군데군데 자리한 대나무 숲도 고요하고 깊은 인상을 남겼다. 비를 피해 일본 정원인 청원 정자에서 한참을 머물다가 식물원을 나온 뒤 이파네마 해변을 거쳐 호텔로 걸어서 돌아왔다.

리우데자네이루의 랜드마크, 예수상

브라질의 상징, 리우데자네이루 예수상을 보러 다녀왔다. 파란 하늘을 배경으로 사진을 찍고 싶어 날씨가 좋을 때 가려고 했으나, 우리가 머무는 1주일 내내 흐리고 비가 왔다. 구름에 가리지 않는 것만으로도 다행이라 생각하며 예수상으로 향했다.

오전 8시 20분 트램을 타고 예수상에 올라가니 이미 많은 사람들이 모여 있었다. 남미 유명 관광지에서 성모상과 예수상을 봐 왔으나 비교 불가였다. 명불허전이라는 말이 절로 나왔다. 왜 이곳이 세계 7대 불가사의인지, 직접 와 보니 알 것 같았다. 엄청난 크기에 압도당했다. 정교한 모습과 인자한 얼굴은 놀라울 정도였다. 역시 많은 사람들이 찾는 이유가 있었다.

예수상 자체도 어마어마했지만, 그곳에서 보는 전망 또한 장관이었다. 이곳이 세계 제일의 미항이 아니던가? 슈가로프산, 코파카바나 해변 등을 품고 있는 이렇게 멋진 곳에서 예수상과 함께 오래 머물러 있고 싶었으나, 점차 사람이 많아져 계획을 변경하여 슈가로프를 가기 위해 아쉬운 마음을 안고 내려왔다.

예수상에서 내려와 택시를 타고 리우데자네이루에서 최고의 전망을 자랑하는 슈가로프산(Pão de Açúcar, 빵산)으로 갔다. 택시 요금 흥정을 어떻게 해야 하나 걱정했지만, 미터기 요금을 편하게 카드로 결제했다. 도착하자마자 기다림 없이 케이블카를 탔다. 나중에 많은 사람이 몰릴까 봐 바로 두 번째 케이블카를 타고 정상에 올라가 주변 경치를 감상하고, 전망 좋은 카페에서 커피 마시며 여유로운 시간을 보냈다.

이후 우버를 타고 코파카바나 해변까지 와서 맨발로 3km를 걸어 숙소로 돌아왔다. 리우데자네이루에서 꼭 봐야 한다는 곳에 모두 다녀와서 숙제를 다 끝낸 기분이었다. 이제 남은 날은 코파카바나 해변을 즐기다 가자. 우리나라는 겨울이지만, 이곳은 여름이니까.

리우데자네이루의 시티투어버스

리우데자네이루는 치안이 불안하다는 이야기를 들어 도착 후 이틀 동안 밤에는 숙소에만 지냈다. 그러다 용기를 내어 코파카바나 해변에서 저녁 산책을 하고, 숙소로 돌아오는 길에 '시티투어 나이트 삼바 버스'를 발견하고 야경 투어에 나섰다. 요금은 125헤알이었다. 비가 그쳐 이제 날씨가 좋아지려나 기대하며 시티투어버스를 탔는데, 출발한 지 5분도 안 되어 다시 비가 오더니 그칠 줄을 몰랐다.

터널에서 비가 그치기를 기다리며 노래를 연주했으나, 30분을 기다려도 비가 그치지 않았다. 결국 폭우 속에서 출발한 오픈버스에서는 얇은 비옷 하나만 걸친 채 즐길 틈도 없이, 세찬 빗줄기와 바람 그리고 추위에 시달려야 했다. 원래 3시간 코스였지만, 비로 인해 2시간 만에 코파카바나 해변으로 돌아왔다.

쏟아지는 폭우 속에서 2시간 투어를 마치고 내리려는 순간, 내일은 무료로 시티투어를 제공해 주겠다는 제안을 받았다. 다음 날 다시 시티투어버스를 타고 리우데자네이루 시내로 가서 셀라론

계단에 내려 구경하고 수도교를 거쳐 대성당까지 둘러보았다. 강한 햇볕에 오픈 버스를 타고 시내를 한 바퀴 도느라 온몸이 빨갛게 탔으나 리우데자네이루의 이곳저곳을 둘러볼 수 있어 만족스러웠다.

이후 야경을 보기 위해 나이트 버스를 다시 탔는데, 본의 아니게 리우데자네이루에서 삼바 버스를 세 번이나 탔다. 위험하다는 리우데자네이루였지만, 시티투어 버스를 이용하니 안전하게 구석구석 볼 수 있어 만족스러웠다.

코파카바나 해변에서의 나날들

'오늘은 뭐 하지?' 하며 코파카바나 해변을 걷다가 눈에 띈 전기 바이크를 대여해 타고, 이파네마 해변과 코파카바나 해변을 달려 보았다. 요금은 120헤알이 들었다. 일요일이라 운동하거나 피서를 즐기는 사람들로 붐벼 속도를 내기는 힘들었지만, 전기 바이크를 타고 해변을 돌아보니 스쳐 가는 바닷바람과 풍경들은 좋았다.

이후에는 새벽 4시에 시작하는 일출 감상 프로그램에 참여했다. 200헤알 정도가 들었다. 새벽 일찍 일어나는 것이 번거로웠지만, 일출을 보기 위해 해변에 나갔더니 바다 위에는 이미 많은 사람들이 패들을 타고 있었다. 새벽에 바다에 들어가기는 조금 추울 것 같았지만, 마치고 나오는 사람들의 얼굴이 밝았다. 이것도 여기서 할 수 있는 새로운 경험이라 생각하면서 패들을 타고 바다에 나가 일출을 보면서 바다를 즐겼다.

'세계 최고의 미항'이라는 브라질 리우데자네이루 코파카바나 해변에서 6박 7일간 즐거운 시간을 보냈다. 마침 크리스마스와 연말 시즌이 겹쳐 많은 사람들로 북적였기에 다양한 삶의 모습을 볼 수 있었다. 이렇게 아름다운 해변에서 세계여행 마지막 날을 보내다니. 우리 부부는 바다를 제대로 즐겼다. 세계 최고의 해변에서 어찌 즐겁지 않을 수 있을까.

환상적인 순간이다. 그렇게 하얗게 부서지는 파도, 주변을 감싸는 바위 봉우리들을 바라보며 한껏 즐기다가, 문득 마음속에 하나의 바람이 떠올랐다.

'지금 바로 이 순간처럼, 남은 생도 늘 행복한 마음으로 아름다운 것들을 보며 사랑하며 즐길 수 있기를…'

에필로그

여행의 끝, 새로운 시작 앞에서

2024.3.31~2025.1.2

　'창공 부부'의 정년퇴직 기념 세계여행은 2024년 3월 말, 첫 발을 내딛으며 시작되었다. 유럽 10개국, 아프리카 6개국, 남아메리카 5개국을 거쳐 2025년 새해가 되어 한국으로 돌아왔다.
　긴 여정 속에서 아프리카에선 오토바이 날치기로 여권과 지갑이 든 가방을 잃고, 남미에선 핸드폰을 소매치기당하는 일도 겪었지만, 그 모든 우여곡절마저도 지금은 여행의 일부로, 삶의 일부로 남았다.
　새로운 환경에 적응하고, 낯선 곳의 풍경에 감탄하며, 세계 곳곳의 다양한 음식을 즐겼고, 무엇보다 여행 중 만난 수많은 사람들과의 짧고 찬란한 인연들은 우리에게 소중한 자산이자 평생 간직할 추억이 되었다.

긴 시간 동안 여러 나라를 여행하면서, 우리는 우리나라의 소중함을 새삼 깨닫게 되었다. 또한 지구 곳곳의 다양한 환경 속에서 살아가는 사람들의 삶을 보며, 그 문화를 이해하려는 노력을 통해 우리의 시야도 더욱 넓어졌다. 278일 동안 우리는 참 많은 길을 걸었다.

투르 뒤 몽블랑(TMB) 트레킹(10일), 이탈리아 돌로미티(15일), 아프리카 킬리만자로산 등정(6일), 아프리카 트럭 투어(20일), 페루 와이와시 트레킹(8일), 살칸타이 트레킹(5일), 칠레 W 트레킹(4일), 튀르키예 카파도키아(5일), 게르게티 츠민다 사메바 트레킹(2회), 알바니아 발보나-테스 트레킹(3일), 슬로베니아 트리글라브 국립공원 트레킹(2회), 피츠로이 트레킹(2회), 세로토레 트레킹, 아르헨티나 바릴로체 로페즈 트레킹, 카테드랄 트레킹, 와라즈 69호수와 여러 호수 트레킹, 쿠스코 비니쿤카 트레킹 등….

가는 곳마다 산을 찾아가며, 자연을 즐겼다. 처음부터 계획했던 장소도 있었고 여행 중 만난 사람들의 추천으로 찾아간 곳도 있었다. 새로 신고 간 등산화는 어느새 헌 신발이 되어 브라질에 두고 왔고, 함께 가져간 등산스틱이 부러질 만큼 많이도 걸었다.

그 여정 속에서 같이 즐겁게 여행해 준 서로에게도 고마움을 전한다. 옆에 있어 주는 것만으로도 든든한 반려자였다. 직장 생활을 할 때는 서로의 고마움을 느낄 틈도 없이 바쁘게 생활했는데, 지금 생각해 보면 뭐가 그리 바빴던 걸까. 둘만 떠난 여행이다 보니 서로 의지하게 되고, 속 깊은 이야기까지 나누면서 서로를 더 이해하게 되었다. 남은 생도 이 즐거움을 간직한 채 행복하게 살아가길 다짐해 본다.

작가 인터뷰

이 책을 출간하게 된 계기는 무엇인가요?

최병로 작가 저희 부부가 평소 기회만 되면 여행을 많이 다녔는데도 시간이 모자라서 못 가본 나라가 정말 많았어요. 그래서 둘 다 퇴직하고 나면 길게 세계여행을 가보자고 이야기했었죠. 실제로 이번에 다녀오고 나서 보니까 저희랑 비슷한 나이대 사람들도 생각보다 자유여행을 어려워하더라고요. 시간이 있어도 엄두를 못 내는 경우도 많았어요. 그런데 사실 '완벽하게 짜인 여행'이 아니어도 되거든요. '직접 부딪히며 만들어 나가는 여행'만의 묘미가 있어요. 그래서 저희 부부처럼 아무것도 몰라도 배낭 하나 메고 유럽부터 남미, 아프리카까지 못 갈 데가 없다는 걸 보여드리고 싶었어요. 여행을 미루던 분들이 이 책을 읽고 '아, 나도 한번 떠나봐야겠다' 하는 마음이 든다면 더할 나위 없이 기쁠 것 같아요.

긴 여행길을 떠나기 전에 무엇에 중점을 두고 계획을 짜셨나요?

송경숙 작가 이번 여행은 지금껏 길게 가기 어려웠던 곳들을 집중적으로 가보자는 생각으로 시작됐어요. 그래서 남유럽, 아프리카, 남미를 중심으로 대륙 단위로만 큰 틀을 잡았고요. 세세한 계획은 거의 세우지 않고 대략적인 동선만 정하고 갔어요. 현지에서 다른 여행자들에게 정보를 얻거나 상황에 따라 즉흥적으로 일정을 추가하기도 하고 빼기도 했죠. 원래는 북미까지 가려고 했었는데, 막상 여행하다 보니 생각보다는 좀 일찍 돌아오게 됐네요.

그래도 총 278일 동안이나 세계를 누비셨어요. 두 분 사이 크고 작은 갈등은 없으셨나요?

송경숙 작가 예전에는 무조건 둘이 같이 다녀야 한다는 생각 때문에 부딪히는 부분이 꽤 있었어요. 예를 들어, 남편이 등산을 워낙 좋아하는데, 저는 등산이 버거울 때가 있거든요. 그래서 등산 대신 휴식한다고 하면 '비싼 돈 주고 여기까지 와서 왜 호텔 방에 누워 있느냐, 그럴 거면 집에 있지.' 하면서 서운해하더라고요. 저는 원하지도 않는 걸 하라고 하니까 그게 힘들었고요.

최병로 작가 가면 아름다운 풍광도 보고, 건강에도 좋고, 서로 도란도란 이야기도 나눌 수 있는데 이 좋은 걸 왜 마다하나 이해가 안 됐어요. 그런데 여행을 많이 다니다 보니까 정말 다양한 형태의 경험이 있는 거예요. 저라고 아내가 좋아하는 걸 다 똑같이 즐기는 것도 아니니까요. 귀한 시간 내서 가는 게 여행인데, 각자 하고 싶은 걸 해보는 것도 좋겠다는 생각이 들죠. 대화거리도 더 생기고, 서로 괜한 감정 쌓일 일도 없어서 좋더라고요. 그렇게 조금씩 적응해 온 덕분인지, 이번 여행도 큰 갈등 없이 잘 다녔어요. 서로의 다름을 인정하는 게 평화의 비결이었던 것 같아요.

퇴직 후의 여행을 '인생의 새로운 챕터를 여는 과정'이었다고 하셨어요. 이번 여행으로 가장 달라진 점은 무엇인가요?

송경숙 작가 마음이 좀 여유로워진 것 같아요. 책이나 방송으로만 접했던 아프리카나 남미에 직접 가보니까 정말 다양한 삶의 모습들이 있더라고요. 자연스럽게 제가 생각하는 것만이 정답은 아니라는 사실을 받아들이게 됐죠. 누군가에게 무언가를 강요하거나 하나의 틀을 고수하려는 마음이 많이 옅어졌어요. 낯선 곳을 오랜 기간 함께 여행하면서 남편을 이해하는 폭이 더 넓어지기도 했고요.

최병로 작가 삶의 여유를 즐길 줄 알게 된 것 같아요. 예전에는 정해진 기간 안에 보고 싶은 것을 전부 봐야 한다는 강박 같은 게 있었거든요. 그런데 이번에는 '오늘 못 보면 내일 보면 되지' 하면서 아주 한가롭게 다녔어요. 날씨가 흐린 날에도 내일은 해가 뜨겠거니 하고 푹 쉬기도 하고요.

이번 여행 중 절대 잊지 못할 특별한 순간을 꼽아주신다면요.

최병로 작가 첫 번째는 킬리만자로 등정이에요. 제 버킷리스트에 아프리카에서 가장 높은 산이라는 킬리만자로 등반이 있었거든요. 그런데 막상 가려니 정상까지 못 가는 사람이 많다고 해서 걱정을 많이 했죠. 아내도 숨쉬기가 너무 힘들다고 중간에 포기할 뻔했어요. 제가 '여기까지 왔으니 좀 더 가보자. 한국에서 준비해 간 현수막을 들고 정상에서 꼭 찍어야 하지 않겠냐' 하면서 부축도 열심히 했죠. 결국 둘 다 정상에 오를 수 있었어요. 그때가 가장 기억에 남아요.

송경숙 작가 맞아요. 끝까지 포기하지 않길 정말 잘했죠. 저는 페루에서 했던 와이와시 트레킹도 너무 좋았어요. 원래 계획에는 없었는데, 여행 중에 만난 분들이 7박 8일 트레킹 코스를 추천해 줬어요. 호텔이나 마을 하나가 없는 곳이라, 말과 당나귀에 짐을 싣고 가다가 산속에서 텐트를 치고 자야 했어요. 당연히 전기도, 와이파이도 전혀 없었고요. 진짜 야생 그 자체였죠. 3,000~4,000m 고지에서 안데스산맥의 일부인 빙산과 빙하 호수를 보면서 트레킹을 했어요. 남미 트레킹 하면 파타고니아만 생각했었는데, 상상도 할 수 없는 지구의 넓이와 깊이를 엿본 듯한 경험이었어요.

두 분이 다녀오신 이번 여행의 큰 특징 중 하나가 트레킹인데요. 세계 곳곳을 걸어 보니 어떠셨나요?

송경숙 작가 트레킹의 가장 큰 즐거움은 아무 생각 없이 걸을 수 있다는 점인데요. 멋진 경치를 보며 마냥 걷다 보니까 이제껏 살아온 날들이 자연스레 떠오르기도 하더라고요. 사람들과 함께 걷는 날도 많았는데요. 외국인 친구들과 짧은 대화밖에 할 수 없다는 게 아쉬웠어요. 한국에 대해 이것저것 궁금해하는데, 영어로는 충분히 표현을 못 하겠더라고요. '아, 영어 공부 좀 더 하고 올걸' 했죠.

세계여행 중 트레킹을 계획 중인 분들께 조언을 해 주신다면요.

최병로 작가 가장 중요한 건 '가벼운 짐'과 '체력'이에요. 짐은 무조건 최소화해야 하고, 체력 안배도 정말 잘해야 돼요. 저희가 투르 뒤 몽블랑을 걸을 때도 짐이 많거나 초반에 무리해서 중간에 포기하는 분들을 많이 봤거든요. 저희 부부는 50L와 30L 배낭이 전부였어요. 옷도 몇 벌만 챙겨서 매일 직접 빨래를 했죠. 그런데 짐을 줄이다 보니 음식이 좀 힘들긴 했어요. 아프리카나 남미에서는 밥이나 매운

고추를 구하기가 어려웠거든요. 그래서 여행지에서 만난 다른 한국 분들께 고추장을 얻어먹기도 하고, 남미에서는 한인 민박에 머물면서 한식을 먹는 방법을 택했죠. 고추장 하나쯤은 챙기거나, 떠나기 전에 현지 한인 마트 정보를 미리 알아가면 좋을 것 같아요.

여행 중 만난 인연 중 가장 인상적이었던 사람과의 일화가 궁금합니다.

송경숙 작가 외국에서 만난 한국 분들에게 도움을 참 많이 받았는데요. 제가 킬리만자로 근처에서 여권까지 들어있는 가방을 통째로 잃어버린 적이 있었어요. 그때 한국인 여행사 사장님이 저희를 집으로 초대해서 저녁도 대접해 주시고, 위로도 해주셨어요. 탄자니아의 수도 다르에스살람에서 새 여권을 기다리는 동안에도 한 한국 분께서 일주일간 지낼 곳을 내주시기도 했어요. 소매치기를 당한 충격으로 사람이 무서워진 상태에서 얼마나 고마웠는지 몰라요. 그 집에서 지내면서 나가기가 무서워서 낮에만 잠깐씩 주변 카페에 갔던 기억이 나네요.

최병로 작가 맞아요. 저는 카페에 가만히 앉아 있는 게 지루할 거라고 생각했는데, 외국에서는 카페에만 있어도 사진 찍을 거리가 많더라고요. 신선한 경험이었어요. 그것도 다 한국 분들이 도와주신 덕에 가능했죠. 그때 정말 심난했는데, 다시 한번 감사했다는 말씀을 전하고 싶네요.

멋진 사진들이 많아서 책을 만드는 내내 행복했는데요. 여행지에서 사진을 찍는 작가님만의 노하우가 있다면요?

최병로 작가 젊었을 때는 취미 활동을 하면서 큰 카메라도 사용하고 했어요. 그런데 나이가 들면서 점점 카메라가 너무 무거워서 들고 다니기가 힘들더라고요. 특히 트레킹을 할 때는 하루에 20kg 가까이 되는 짐을 메고 2~3만 보씩 걸어야 해서 짐을 최소화해야 했어요. 그래서 스마트폰 하나만 가져갔죠. 책에 실린 사진들도 다 갤럭시 스마트폰으로 찍었어요. 팁이라고 할 만한 건, 일단 많이 찍는 거예요. 많이 찍어서 그중에서 조금 더 나은 사진을 고르는 거죠. 그리고 중요한 건 '배경'인데요. 스마트폰은 카메라처럼 세세한 조정이 어려우니까, 배경이 좋은 곳을 찾는 게 중요해요. 주인공이 잘 드러나도록 어두운 곳이나 거슬리는 장애물은 피해서 구도를 잡는 게 좋아요. 초점과 수평 맞추기도 잊지 마시고요.

'죽기 전에 여긴 꼭 가봐라!' 할 만큼 추천하는 여행지가 있다면요.

최병로 작가 페루의 와이와시 트레킹과 유럽 알프스의 투르 뒤 몽블랑(TMB)을 꼽고 싶네요. TMB는 산장 예약이 어렵긴 하지만, 예약만 되면 산장에서 잠자리는 물론 식사까지 다 해결되니까 편하게 걸을 수 있어요. 중간중간 들르는 산장마다 특색있는 다양한 음식도 있고요. 이탈리아 돌로미티도 TMB처럼 산장 예약이 필수적인 곳인데요. 저희가 한국에서 알아볼 때는 예약이 어려워서 산장에서 묵는 건 포기하고, 그냥 당일치기 트레킹만 하자고 계획했었어요.

그러다 직전에 취소하는 사람들이 있다는 정보를 알게 됐죠. 홈페이지에 들어가 보니 정말 자리가 있더라고요. 꼭 가고 싶은 곳은 미리 예약하는 게 좋지만, 그게 안 되더라도 현지에 가면 또 다른 길이 열리기도 해요.

두 작가님께 '여행'이란?

송경숙 작가 저에게 여행이란 쉼이자 보상이었어요. 직장을 다니는 내내 정말 열심히 살았거든요. 방학이나 주말마다 떠나는 여행이 한 주 또는 한 학기 동안 열심히 산 것에 대한 쉼이자 보상이었다면, 이번 세계 일주 역시 긴 직장 생활 끝에 누리는 값진 휴식이었죠.
최병로 작가 행복이고 충전이죠. 물론 여행하면 몸은 더 힘들지만, 마음은 행복해요. 퇴직 후에는 여행이 곧 삶의 여유 그 자체이기도 하고요.

함께 동행해 준 서로에게 전하고 싶은 말은?

송경숙 작가 남편이 아니었으면 이번 여행은 불가능했을 거예요. 남편이 제 짐까지 기꺼이 들어준 덕분에 제가 한결 가볍게 다닐 수 있었죠. 이만한 여행의 동반자가 없는 것 같아요. 다른 팀 중에는 중간에 마음이 안 맞아서 삐걱거리는 경우를 많이 봤거든요. 저희가 이렇게 지낼 수 있는 건, 아마 상대에 대한 기대치를 낮춘 덕분일 거예요. 있는 그대로 볼 수 있게 되니까 한결 편해지더라고요. 그냥 옆에 있어 주는 것만으로도 정말 고마워요.

최병로 작가 저도 비슷해요. 늘 배려해 줘서, 무엇보다 함께해 줘서 고맙죠. 앞으로도 지금처럼 나란히 걸을 수 있다면 더 바랄 게 없을 것 같아요.

마지막으로 앞으로 퇴직을 앞두고 계시거나 퇴직한 독자들에게 한 말씀해 주세요.

최병로 작가 해외여행을 생각하고 계신다면 용기를 내라고 말씀드리고 싶어요. 여행지에 가서 꼭 이걸 해야겠다고 정해두기보다는 그냥 부딪히면서 닥치는 대로 경험해 보는 것도 참 좋더라고요.

송경숙 작가 우리 모두 지금까지 참 열심히 살았잖아요. 그러니 이제는 꿀맛 같은 휴식과 행복을 마음껏 누려보시기를 바라요. 세계 곳곳을 다녀보니까 이렇게 사나 저렇게 사나 한세상이고, 다들 어떻게든 살아가더라고요. 그러니 마음의 여유를 가지셨으면 해요.

작가 홈페이지

퇴직한 김에 세계 일주
배낭 하나 둘러메고 떠난 부부의 278일간의 기록

발행일 2025년 8월 7일

지은이 송경숙 최병로
펴낸이 마형민
기획 강채영
편집 곽하늘 강채영 김예은
디자인 김안석 표진아
펴낸곳 주식회사 페스트북
홈페이지 festbook.co.kr
편집부 경기도 안양시 동안구 관악대로 488

© 송경숙 최병로 2025

ISBN 979-11-6929-858-2 03810
값 18,000원

* 이 책은 저작권법에 의해 보호를 받는 저작물이므로 무단 전재와 무단 복제를 금합니다.
* 페스트북은 작가중심주의를 고수합니다. 누구나 인생의 새로운 챕터를 쓰도록 돕습니다.
creative@festbook.co.kr로 자신만의 목소리를 보내주세요.